サラリーマン投資家になる！

給料と株式投資で「年収アップ」を図りましょう

Bart & よっしー

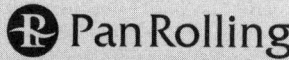

～この本を株式投資での自己実現を果たせなかった父に捧ぐ～

まえがき

　この本を手に取ってくださりありがとうございます。第５章を除く全章を担当するＢａｒｔは２００５年１１月現在３４歳のサラリーマンです。しかも証券会社や金融とはまったく無縁の製造業に勤めています。

　生まれつき体が弱く、定年まで健康に働く自信がないため、早く引退をすべく２９歳のころから株式投資を始め、紆余曲折を経ながらも株式資産を信用取引を使わずに年間平均１０％コンスタントに増やせるようになりました（２００５年はもっと増やせそう）。１０％と聞くと少ないと感じられるかも知れませんが、毎年コンスタントに年間１０％増やすのはプロの運用者の成績としても良いほうだと思います。

　あまりにも低い預貯金の利子、しかも終身雇用が崩れ、お給料のベアも当てにならなくなってきた現在、皆さんは資産を維持、あるいは増やすためにどのような行動をされているでしょうか。

　私は株式投資を強くお勧めします！　商品先物や宝くじなど、ほかにも資産を増やす方法がありますが、以下の理由で賛成できません。簡単に紹介しましょう。

◎商品先物
- **●値動きを探るため１日中画面（チャート）を見ていなければいけません。**
- **●大きくレバレッジを効かさないと（要するに多額の借金をすることです）儲けにつながりません。**

- 市場が開いている間、ずっとチャート（商品の値動き）を見ていないといけません。
- 何といっても、利益を直接得るために先物市場は存在していません。
- そもそも先物取引は江戸時代の大阪の米商人がお米を安く買い叩かれない、高値掴みをしないために考案された制度。利益を直接得ようとするならば、大きくレバレッジを効かせる「ハイリスク・ハイリターン」の方法を採らざるを得ないのが実情です。

◎**宝くじ**
- 当選率が低すぎます。外れれば掛け金はすべてなくなります。
- 当選額と宝くじの単価と販売枚数を考えたとき、儲かるのは宝くじを売っている銀行だけで参加者に不利にできています。これでは資産形成の道は開けません。

◎**公営ギャンブルとパチンコ・スロット**
- 宝くじ同様、当選確率が低いのです。賭けに外れれば掛け金はすべてなくなります。
- 儲かるのはやはり胴元（お店）だけ。参加者に不利にできています。

◎**日系証券会社が販売している投資信託**
- ファンドマネジャーと呼ばれる運用者は所詮サラリーマン。運用成績が悪くてもクビにならないでいるヌルイ環境にいます。このことを考えると、やはり資産運用の手段には疑問符がつきます。

◎**個人向け国債**
- 個人向け国債は「財政難の政府がもうこれ以上銀行や郵貯に国債を売れない限界にきているので個人に買わせよう（お金を借りよう）」ということから作られたもの。常識で考えて、借金でクビ

の回らない人にお金を貸すでしょうか。それと同じで、今の国家財政は火の車。貸すどころか近寄るのも避けるべきでは？

◎**不動産投資**
●最近不動産投資の本が目につきます。不動産投資は悪くはありませんが、その前に株式投資である程度資産形成を果たしてからでも遅くないと思います。不動産投資のリスク要因として以下が考えられます。
　▲持っているだけで税金がかかる（固定資産税）
　▲流動性がない（失敗したと思っても売りたいときにすぐに売れない、結果安く買い叩かれる）
　▲売買するときは相対で取引をするので交渉が面倒
　▲日本の人口が減少するにつれて、全体的に不動産価格下落のリスクがある（都心等を除く）

これらのことを考えると、資産形成にはやはり株式投資が良いと思うのです。次に、「何故、株式投資がいい」と思うのかについても簡単にご紹介しましょう。

◎**株式市場は直接市場から利益を得るために発生したものだから**
　世界史でおなじみの大航海時代。投資家が香料を取る船団に投資をしました。そのとき、投資をした証明として出資証文が投資家に手渡されました。そして、何かの理由で当座の現金が欲しいときにこの出資証文を売買してお金に換えていたのです。こうした船団への出資証文を売るための市場が株式市場の始まりと言われています。つまり、誕生した当初から"儲けたい人集まれ！"と世間に叫んでいた市場なのです。

◎**売りたいときにすぐ売れる**
　不動産と違い、不特定多数の人が参加する市場があるので、よほど変な銘柄でない限り、すぐに売ることができます。

◎**失敗しても全額失うことはない**
　投資した企業が倒産してしまっては話は別ですが、「株価が下がってしまった！」ときでも損失を減らすべく株式を早く売却すれば、投資額の一部だけの損失で済むわけです。

◎**自己投資にもなる！**
　株式を買う前に、当然、ある程度その企業を調べることになります。その過程で得られる知識、ノウハウが自然と身について、独自のモノの見方が養われていきます。当然、自腹を切って株式を買うのですから真剣度は違ってきますよね。あの日本マイクロソフト社の社長を勤めてこられた成毛真氏もその著書の中で次のように話しています。
　「終身雇用が終焉した日本社会に訪れるであろう自己責任時代においては、自分のお金で株をやっている人とやっていない人の間ではどんどん差が広がっていく」（文春ネスコ　新時代ビジネス知っておきたい６０ぐらいの心得　１８８ページより抜粋）

　以上が、私の思う「株式投資の魅力」です。
　ただ、このように株式投資の魅力を聞いても「いつどんな銘柄を買えばいいのかわからない」という思いが真っ先に出てくるのが正直なところではないでしょうか。だから、株式投資には手を出しにくいと……。そして何より、「サラリーマン」という本業に従事しながら、株式投資できるのかと。
　大丈夫です。本書はそんなあなたのための参考書です。今、株を

買うべきか否かという判断に始まって、セクター（業種）選択→銘柄選び→そしてまさに株式を買う瞬間の捕らえ方までの過程を順を追って網羅しています。

　普通、株式投資の本というのは、例えば財務内容や経済動向に基づいたファンダメンタル分析や、株価の値動きのみに焦点を当てたテクニカル分析、果ては星占いなど、ある特定の分野に的を絞ったものになりがちです。しかし、本書では投資方法にこだわらず実際に使ってみて役に立つと判断した投資方法を余すところなく紹介することにしました。そういった意味では手前味噌ですが、実践的ですぐに役立つ本だと思います。

　繰り返すようですがこの本を書いたのはちまたでよく見かけるような普通の一般人です。その一般人がいろいろ株式投資で学んだこと、経験したことを本書に凝縮しました。この本はまさに「一般人の、一般人による、一般人のための株式投資の本」です。きっと皆さんのお役に立てると思います。いや、ぜひ皆さんの資産作りのお役に立ててください。それではハッピーリーディング！

序章

1　種銭を作ろう!

　株式投資に限らず、何かを買うときにはどうしても種銭が必要になります。

　この種銭、貯めるにもコツがあります。そのひとつが、「種銭づくりを邪魔する要因」を排除することです。よく考えてみてください。私たちの身の回りにあるもので当たり前とされているものでも冷静に検討してみれば結構無駄と思われるものがあることを。それらが種銭づくりの障害になっていることを……。いくつか思いつくものがあったので以下に記してみます。

＜婚約指輪は無駄！？＞

　女性の方には大変申し訳ないのですが、ダイヤモンドに対して否定的な話をします。

　婚約指輪ってありますよね。ダイヤのついてるあれです。仮に、それが１００万円で買えるものとして、質屋に持っていくといくらぐらいになるかご存知ですか？　答えは１０万円以下！

　何故こんな話を知っているかというと、昔男性にダイヤをいったん買わせて、後日利息（年５％ぐらいだったかな）をつけて買い戻すという商法がありまして……（後にその企業が倒産して買取ができず、詐欺まがいの商法といわれ社会問題になりましたが）。私もきれいな女性店員に声をかけられ上記の話を教えてもらったのです。ついでに、ダイヤモンド業界の供給者はデ・ビアス社が独占していること、サイトホルダーと呼ばれる業者だけが同社と取引できることなど、ほかにも興味深い話を聞かせてくれました。

結局、お金がないこともあり、購入はしなかったのですが、やはり直感的に「？」と当時思ったものです。何故って？
　だって、おかしいでしょう。新品で買ったものが質屋でいきなり１０分の１で買い叩かれるなんて。貴金属だったら重量あたりの時価をもとに買い取ってくれるはずでしょうし、ただひとつの企業が独占供給しているなんて二重に怪しいと思いませんか。
　かなり人為的に形成された市場なんです。ますます怪しくて思わず引いてしまいます。
　こういう市場がいったん自然の需給にまかせた市場になったら急落するのは必至です。これが株だったら私は絶対手を出しません！
　聞くところによると、ＴＶＣＭのおかげで日本はおいしい市場になっているとか。つまりカモにされているんですね。
　貧しいという字は貝を分けると書きます。貧しくなってしまうのは無駄なものにお金を使ってしまうという例えなのでしょうか。とにかく、貧しくならないために、そして株式投資の種銭づくりのために、資産に限りのあるわれわれ個人投資家もバリューを見極めて買い物をしようではありませんか！
　ちなみに、一次産品に強気なかのジム・ロジャース氏もダイヤモンドには否定的です。

＜車を持つのも無駄！？＞

　場所柄どうしても必要ならばともかく、週末しか乗らないのに車を持つのは無駄だと思いませんか？　税金、駐車場代、保険代、意味不明な車検の費用などなど。すごくコストがかかりますよね。
　いかがでしょう、車を手放して浮いたお金を投資に回してみては。最初の数年は感じないかもしれませんが、何年もたつと複利の効果で「車にかかる費用を投資に回して良かった」と思える日がきっと

来ると思います。
　実際、私も車を持っていません。そのぶん投資に回すお金が増えて利益もそれだけ享受しています。みなさんもお試しあれ。

<無駄遣いはしない>
　「ぽたぽた落ちてくる水の下にコップを置いて、水をためているとする。喉が乾いたからって、まだ半分しかたまってないのに飲んじゃうだろ。これは最低。なみなみいっぱいになるのを待って、それでもまだ飲んじゃだめだよ。いっぱいになって、溢れて、垂れてくるのやつをなめてガマンするの」

　このセリフは伊丹十三監督マルサの女で山崎努扮する悪徳経営者が査察官に請われてお金儲けの秘訣を語るときのものです。
　投資の種銭を作るとき、投資での利益を使うときの重要な指針になるのではないでしょうか。
　投資で利益が上がるとついつい気が大きくなって無駄使いをしてしまいがちになりますが、このセリフを思い出してお金の管理をしてみてはいかがでしょうか。

<見栄を張らない>
　「人生見栄さ」。
　高校生のとき、この言葉を叔父から聞かされ、妙な違和感を持ったものです。見栄を張るためにお金を使い、振舞う。本当にそれでいいのだろうか。今でも疑問に思っています。
　この叔父は起業を目指していたらしいのですが、今ではパチンコ依存症に陥っています。家族からも三行半を突きつけられて……。

見栄を張らず質実剛健なお金の使いかた、生き方をしていればもっと良い意味で違った人生になったろうに、と悔やまれてなりません。

　皆さんも見栄を張らないでください。質実剛健なお金の使い方をマスターして投資の種銭を貯めようではありませんか。

2　株式投資の常識を疑う

　皆さんは、以下のようなことを思っていませんか？

「株式投資は成長する企業の株を買うこと」
「新聞報道の記事にしたがって買えば儲かる」
「別に投資すべき季節なんてない」

　違うのです。このような思い込みこそ株式投資の敵になるのです。皆さんが思っているような常識を覆す、株式投資に勝つための知識を、ここでご紹介したいとおもいます。

◎「株は安ければいつ買っても同じだ」にもの申す！

　これは、半分当たっていてて、半分外れています。株式を買うときには買い時の時期（季節）があります。確かに、銘柄、条件によっては季節とは関係なく"買える"ときがあります。

　しかし、あとで述べますが、株価には季節要因があるのです。それに沿って運用したほうがパフォーマンスが良いわけです。ですから、株は安ければいつ買っても必ずしも同じというわけではないのです。

◎「株で××円儲けたという話」にもの申す！

　まず、気になるのが元手に対して何パーセントの利益を出したのかです。大きな元手であれば、少ないパーセンテージの利益でも大きな額になってしまいます。

　そしてもっと大切なのは、その方は毎年コンスタントにある程度の利益を出しているか、ある程度のパーセンテージの利益を出しているのかなのです。つまり、ただ"儲けている"のではなくて、いかに"確実に儲けているか"が大事になるのです。

　株式は日々値段が刻々と変化している、いわばリスク資産なのですから、そのリスクをいかにうまく管理するのかが肝なのではないでしょうか。その意味でも、毎年確実にコンスタントに利益を出している方の意見でしたら傾聴に値すると思います。

◎「ハイテク株は成長株」にもの申す！

　「ハイテク・電気株を買うこと＝成長株を買うこと」とお思いの方は結構多いのでしょうか。その結果、２０００年のＩＴバブル崩壊で手ひどい被害に遭われた方、または知人友人の方で被害に遭われた人を知っている方もいると思います。

　実は、こういうことは今に始まったことではありません。一般的にハイテク電気株は成長株と思われていますが、本当は違います。大量生産で作られる半導体は需要が少なくなってきても減産のブレーキが効きにくく、需給がダブつき気味になり、在庫も増えてしまうのです。その結果、半導体価格が大きく落ち込み、半導体不況に陥り、ハイテク株の株価もそれに併せて落ち込むことになるのです。

　そして時が経ち、ダブついた在庫も減ってきたところで再び半導体価格も上昇し、併せてハイテク株価も再び上昇してくるのです。つまり、次のようなフローチャートが成り立っているわけです。

> 大量生産される半導体→需要減・在庫増→半導体不況・ハイテク株価下落→在庫減・需要増→半導体好況・生産増→株価上昇

　このように「ハイテク株＝循環株」と頭に入れて投資を行うのがハイテク株投資の鉄則となってくるのです。

◎「**赤信号みんなでわたれば怖くない**」にもの申す！

　ＩＴバブルのとき、まわりがハイテク株を買っているのに気を良くして自分もハイテク株を……」と思われた方もいることでしょう。また、日経新聞の一面に出た"○△が好調！"の見出しをうのみにして何も考えずに○△銘柄を買いに走った挙句に損をしたり……。

　我々日本人の心性をよく表す言葉として「赤信号みんなでわたれば怖くない」があります。実は、この考え方は株式投資で失敗する理由のひとつになりやすいのです。

　株式投資では、孤独を恐れないほどの確固とした考え、心の持ち方をしていないと必ずといっていいほど負けてしまいます。

　群集心理は株式投資では投資家に何も与えてはくれません。投資格言にこんな言葉があります「人の行く裏に道あり、花の山」。いかがですか、本書を通して自分の考えを見出し、株式投資を新たに始める良いきっかけにしませんか。

◎「**不況はだめ！**」にもの申す！

　株式投資で損をする人の大半がマスコミの報道に乗せられて株価が高いときに買っています。利益を手にしたいのなら、むしろ、新聞報道で不況を報じつづけているときに喜んで株式投資に触手を伸ばす、または検討するのです。あの松下幸之助氏もおっしゃっています、「不況もまた良し」と。

不謹慎かもしれませんが、不況になれば株価も安くなりますし、隠されていた企業の問題も明るみに出されることもあるなど、投資を考えるに当たっては「良い」と思える場合もあります。むしろ、資力に乏しい個人投資家は、不況を喜ぶべきではないでしょうか。

◎「**成長株を見つけるのが株式投資の始まり**」にもの申す！
　よく株式投資では成長する企業を見つけるのが必要だと思われています。確かにそうだと思います。

　でも考えてみてください。さまざまな企業のビジネスモデルを精査するほどの力量・時間を個人投資家が持ち合わせているでしょうか。また、ファンドマネジャーやアナリストといったプロでもない限り経営者にインタビューもできません。仮にできたとしても、的確な質問が我々個人投資家にできるでしょうか。

　さらに、成長企業にめぐり合えたとしてもその成長がいつまで続くか予測できるでしょうか。やはり成長株を見つけるのは難しいといえます。

◎「**ただ安ければいい**」にもの申す！
　企業の資産や収益に比べて株価が低い銘柄に投資をするバリュー投資が挙げられます。バリュー投資＝ただ安い株に投資すると考えている方もいるでしょうが、それは間違いです。

　企業の資産を精査して株価と比較し、収益と株価を比較して、割安だと判断できたら投資を行う。それが、バリュー投資なのです。投資するために、企業の財務や決算書、果てはマクロ経済を勉強することはいいことだと思います。しかも、日本株は、（本書が世に出ているころは）まだまだ安く、買いどきではないでしょうか。実際、私もバリュー投資家として日々研鑽を続けていますし、利益を出しております。

普段仕事に追われている個人投資家にとって、バリュー投資は適した方法ではないでしょうか。でも、「いつ上がるか、いつまで上がるかわからない」といった不安が同時にあるのも事実だと思います。本書では、ある程度ではありますがこれらの問題を解決した手法を提案しています。

◎「**株式は上がるか下がるかの違いだけだ**」にもの申す！
　株式には大きく分けて以下の2種類に分けられます。

1：景気敏感株
景気の変動に応じて株価を上下させる業種の株式。素材（鉄、非鉄金属、繊維、紙、石油化学等）、機械、電機、証券、商社、小売など。

2：非景気敏感株
景気の変動を受けない業種の株式。医薬品、食品、鉄道など。

　当然、将来予測される経済環境に応じてどちらかに重心を置いて投資をしていくことになります。ただ、将来のことを100％知ることはできません。どちらにも重心を置いていけるようにあらかじめ両方から投資対象を決めておくのがいいでしょう。

私も絶対サラリーマン投資家になる！

CONTENTS

まえがき ——————————————————————— 1
序章 ————————————————————————— 7

第1章 （来年の）株式相場を占う ——————— 17
第1節 経済指標を読む ——————————————— 18
第2節 ジンクスから占う —————————————— 30
第3節 例2006年はどんな年になるか ———————— 34

第2章 （来年の）株式市場が好調と予測される場合 —————————————— 39
第1節 景気敏感株を買う —————————————— 40
第2節 国内企業物価指数で買うべきセクターを選別する ——————————————————— 43
第3節 セクターから銘柄を抽出する ————————— 53

第3章 （来年の）株式相場が下落すると予想されるとき ——————————————— 61
第1節 株を買わず現金のままにする ————————— 62
第2節 勇気をもって非景気敏感株を買う ——————— 63
第3節 景気敏感株を空売りする ——————————— 65
第4節 素材関連企業の在庫循環に投資して不況下の株高を狙う —————————————— 78
第5節 勇気をもって赤字の景気敏感株を買う ————— 83

第4章 いつ頃買うべきか ———————————— 87
第1節 騰落レシオを利用する ———————————— 88
第2節 季節要因を利用する ————————————— 89
第3節 32ケ月サイクルを利用する —————————— 90

第5章 コツコツ儲けるための運用方法 その1【よっしーのスイングトレード編】— 101

- 第1節 株式投資のポイント 〜スイングトレードのすすめ〜 — 102
- 第2節 これから株式投資を始める人のために — 105
- 第3節 ポートフォリオの作り方 — 107
- 第4節 銘柄選び — 110
- 第5節 何故、トレードで利益が出ないのか — 113
- 第6節 それでは早速スイングトレード! — 115
- 第7節 スイングトレードの注意点 — 119
- 第8節 損切りについて — 120
- 第9節 利食いについて — 123
- 第10節 おわりに — 126

第6章 コツコツ儲けるための運用方法 その2【分散投資&グランビルの法則】— 127

- 第1節 分散投資の勧めとその手順 — 128
- 第2節 細かな売買のタイミングを図る 〜グランビルの法則〜 — 132
- 第3節 持ち株の時価総額は常に一定に — 134

第7章 勉強会・オフ会に出よう — 135

- 第1節 無料セミナーに参加しよう — 136
- 第2節 有料セミナーに参加しよう — 137

あとがき — 141
参考文献 — 144

コラム
- 在庫循環グラフの作り方 — 26
- シリコンサイクルグラフの作り方 — 44
- 信用取引について — 65
- 毎冬に上がる銘柄 — 91
- IPOの裏技 — 94
- PBRとPERのはなし — 99
- キャッシュフローゲームとは? — 108
- 成功哲学について — 118

第1章
(来年の)株式相場を占う

　株を買ったことのない方は「どんな株をいつ買うか」、かなり迷われているのではないのでしょうか。何を羅針盤にすればいいのか。そんな思いでいっぱいだと思います。

　そこで、まずみなさんの"水先案内人"となり得る「株式市場に影響のある経済指標とジンクス(非科学的と思われるかもしれませんが当たる確率が高いので掲載します)」を紹介しようと思います。この知識をもってして「(来年、)株は買えるか、買えないのか」「買えるとすればどのような銘柄を買えばよいか」の判断ができるようになっていただければと思います。

　初めて出合う知識ばかりでとまどうと思いますが、いったん覚えればすむことですし、大学の受験勉強に比べれば大したことはありません。ぜひ覚えてみてください。

第1節　経済指標を読む

銅（非鉄金属）市況を読む（最強のエコノミスト＝銅価格）

　株を買おうと思うときには、まず、これからの経済の動向を気にされるかと思います。そのとき、エコノミストと呼ばれる方々のご意見を参考にすると思いますが、なかなかどうして。これがほとんど的中しません。やはり、経済の動向をなす変数が多すぎて人間の頭脳では限界があるのでしょう。

　そこでご紹介したいのが実需の非鉄金属（銅）価格の動向です。この指標は景気予測に関しては手軽で正確。下手なエコノミストの意見よりも参考になります。

　注目すべきは「需要が増えているかどうか＝価格が上がっているかどうか」です。景気が上向くときには銅やニッケル、アルミ等の非鉄金属の需要が増す傾向にあります。それにつれて価格も上がります。価格が上昇基調にあれば景気が良くなると判断できます。ということは、非鉄金属（銅）価格が上がっているならば、序章で説明したような景気敏感株を「買い」と考えても良い、いうことになるのです。しかも、マスコミなどが「景気が悪い」と言っている間に上昇基調に転じる場合もあるので、うまくいけば底値で株を買えるチャンスも生まれます。景気の先読み指標としてはなかなかのスグレモノなのです

　逆に、下降基調のときは景気が下がっている、あるいはこれから下がると判断できますから、「景気敏感株は売り、非景気敏感株は買い」と考えたほうが無難でしょう。

　特筆すべきは下降基調から上昇に転じたときに、少し間を空けて

石油化学や非鉄金属等の「素材株」も上がってくる事実です。このときが景気敏感株投資の最高のチャンスかもしれません。チェックするときには代表的な金属としてＬＭＥ (London Metal Exchange) 実需の銅価格をチェックすると良いでしょう。"相場のことは相場に聞け"という格言がありますがこのことを指していたんですね。

下記のLMEのサイトで銅価格のCash Buyer（現物価格、先物ではない）と期間を設定してクリックしてみてください。

URL　http://www.lme.co.uk/copper_graphs.asp

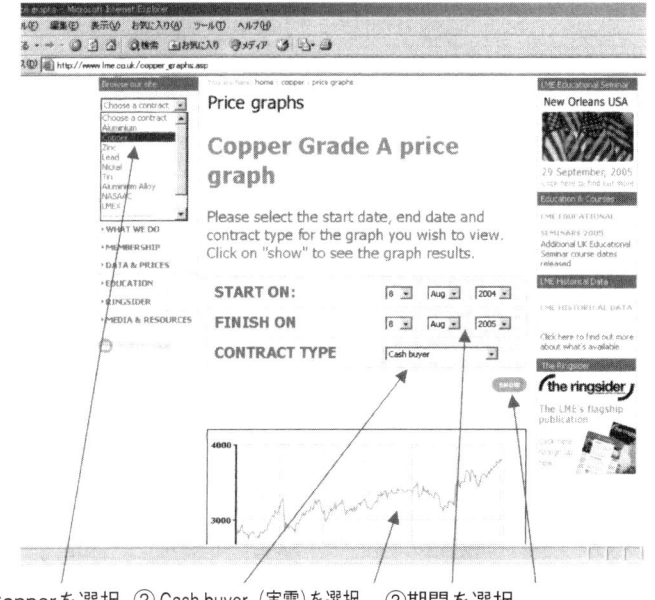

① Copperを選択　② Cash buyer（実需）を選択　③期間を選択
　　　　　⑤グラフが表示されます　　　④最後にこのボタンをクリック

金利を読む

次に金利について述べたいと思います。

各国の中央銀行（日本でいえば日本銀行）は物価の安定、景気の安定を目指して政策金利（公定歩合等に代表される、民間銀行に貸し付ける金利）を変動させます。そんな政策金利の変動を先取りして現金を持つべきか、国債（※1）を持つべきかの判断が為されて国債は売買されます。

以上のような理由から、国債の価格は上下します。そこで、「景気予測の判断材料」にするときには、償還（※2）後の価格と売買価格（時価）をもとに計算された正味の金利（利回りといいます）を使います。簡単に言ってしまうと、利回りが下がれば将来の政策金利は低くなるので私たちが借金しやすくなり景気が良くなる。上がればその逆で、インフレを抑えるべく景気の加熱を冷やし、将来景気が抑えられる（悪くなる）、ということです。

ちなみに、経済や株式のニュースでいきなり"金利"という言葉が出てきたときは10年物国債の利回りを指すと考えてください。日経新聞の第一面に出ていますので参考にしてください。

ひとつ注意です。米国経済は世界経済を引っ張りますから、日本株を購入するときには米国金利の動向に最も注意すべきでしょう。

また、現状の金利と同時に国債市場が今後政策金利に対してどのような見方を持っているのかについての知識も必要です。

例えば今、金利が高くても今後の政策金利がさほど高くならないという見方が大勢を占めた場合には、金利が高くならない＝景気が悪くならないといった判断がなされて株価が高くなる場合があります。

ここでおすすめしたいのが平日の朝5：45から6：40までテレビ東京で放映されている"モーニングサテライト"です。

この番組では米国金融市場の情報が現地からダイレクトに送られ

てきます。市場参加者の心理もある程度伝わってくるので「今後の金利がどうなるのかや株式市場の動向」などもわかります。非常に参考になります。

※1
国債：国が発行する債券。国が国民、金融機関に対して行う借金と考えればよいでしょう
※2
償還：国債は一種の借金の証文なので期限がくると最初に決められた利子と共に予め政府が決めた価格で返金されます。このことを"償還"といいます。

米国債長期金利　URL
http://finance.yahoo.com/q/bc?s=%5ETNX&t=1y&l=on&z=m&q=l&c=

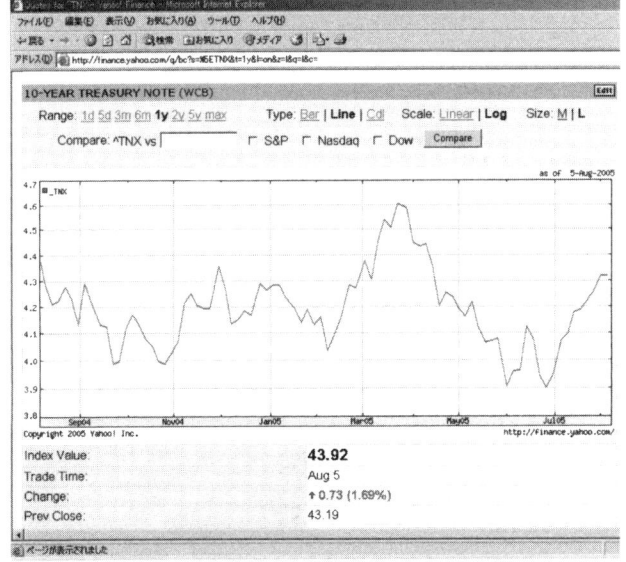

マネタリーベースを読む

マネタリーベースとは各国の中央銀行（日本でいえば日本銀行）が民間の銀行に貸し出すお金のことです。「景気を刺激して上向かせよう」と中央銀行が考えるとこの値を積極的に増やしていきます。それ故、景気の転換点（好景気になるとき）ではこの値が急増していきます。そして、このお金が増えれば増えるほど世の中にお金が回っていき、やがて株式にもお金が回り、株価も上がっていきます。先の金利の話と同様、米国経済が世界景気を引っ張るので、ここでは米国のマネタリーベースを掲載します。

URL　http://www.federalreserve.gov/releases/H3/Current/

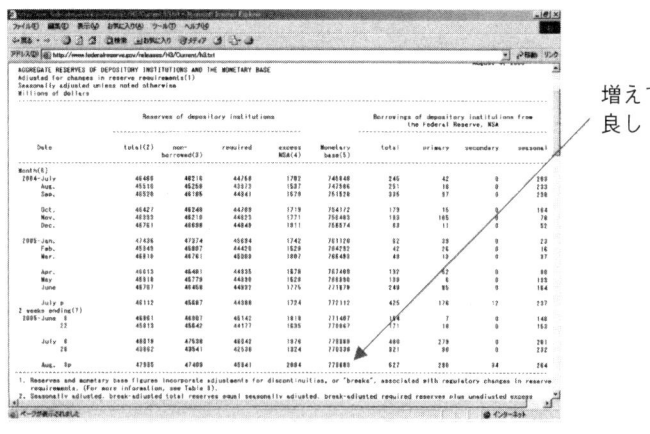

増えていれば良し

マネーサプライを読む

　マネーサプライとは銀行が持っている現預金の総量です。以下の3種類があります。

M1＝現金＋普通預金＋当座預金＋トラベラーズチェック
M2＝M1＋貯蓄性預金（MMF)＋小口定期預金
M3＝M2＋大口定期預金

　これらが、特にM1が増えるほど世間の金回りが良くなって、結果的に、景気が良くなっていくと考えてよいでしょう。

URL　http://www.federalreserve.gov/releases/H6/

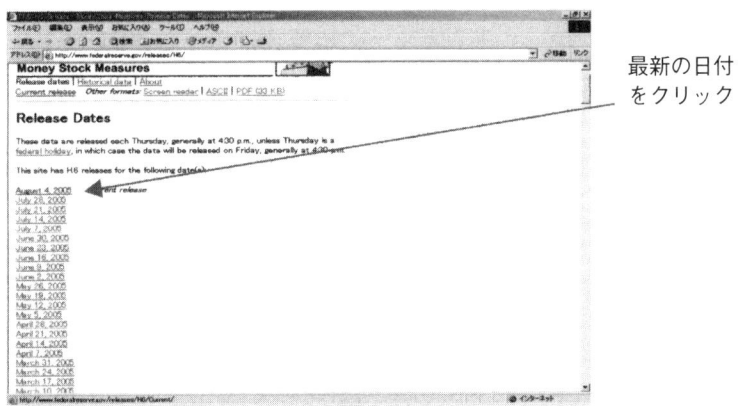

最新の日付をクリック

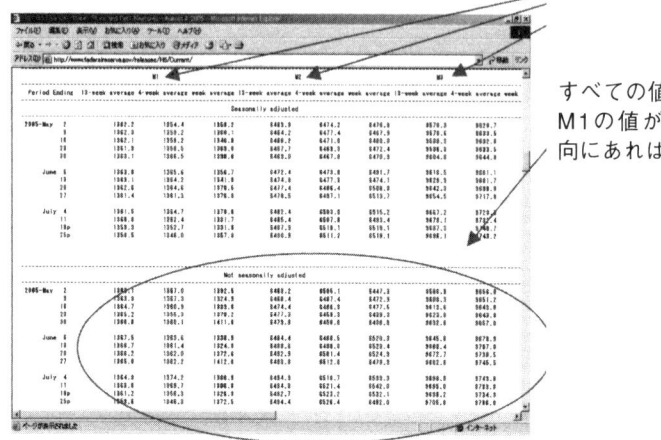

マネーサプライM1、M2、M3の3種類あります

すべての値、特にM1の値が増加傾向にあればOK

鉱工業生産在庫循環モメンタムを読む

　景気サイクルには約4年周期の「在庫循環」と呼ばれるものが存在します。経済産業省ホームページから得られる「生産・出荷・在庫指数速報」のエクセルデータの最初のシートにある「鉱工業」に注目します。少し面倒ですが、このデータを加工して在庫循環モメンタムと呼ばれる月ごとの時系列グラフ(いびつな波形になります)を作成して判断します。一般的にグラフ（波形）の頂点が景気の天井、底が景気の底と判断されています。

> 在庫循環モメンタム＝鉱工業前年同月比出荷変化率－鉱工業前年同月比在庫変化率

　上式の値を時系列に並べて折れ線グラフ（波）を作ります。この波の周期が在庫循環となります。折れ線グラフ（波）の作り方については２６ページの「在庫循環グラフの作り方」を参照ください。

鉱工業在庫循環モメンタム

在庫循環グラフの作り方
鉱工業編

1）データの入手法
①以下のURLのホームページを開いてください。
URL http://www.meti.go.jp/statistics/data/h2afdldj.html#data
経済産業省の統計指標のページにたどり着きます。

項目				Excel形式	CSV形式
季節調整済指数	四半期		生産（付加価値額）	ha2gsq1j.xls	ha2gsq2j.csv
			出荷		ha2gsq3j.csv
			在庫（期末）		ha2gsq4j.csv
			在庫（平均）		ha2gsq5j.csv
			在庫率		ha2gsq6j.csv
	月次		生産（付加価値額）	ha2gsm1j.xls	ha2gsm2j.csv
			出荷		ha2gsm3j.csv
			在庫		ha2gsm4j.csv
			在庫率		ha2gsm5j.csv
原指数	年・年度・四半期		生産（付加価値額）	ha2goq1j.xls	ha2goq2j.csv
			出荷		ha2goq3j.csv
			在庫（期末）		ha2goq4j.csv
			在庫（平均）		ha2goq5j.csv
			在庫率		ha2goq6j.csv
	月次		生産（付加価値額）	ha2gom1j.xls	ha2gom2j.csv
			出荷		ha2gom3j.csv
			在庫		ha2gom4j.csv
			在庫率		ha2gom5j.csv
季節調整済	四半期		生産（付加価値額）	ha2zsq1j.xls	ha2zsq2j.csv
			出荷		ha2zsq3j.csv
			在庫（期末）		ha2zsq4j.csv
			在庫（平均）		ha2zsq5j.csv

②このファイルをダウンロードして開く

③ダウンロードしたファイルを開いて「出荷」のタブをクリック。

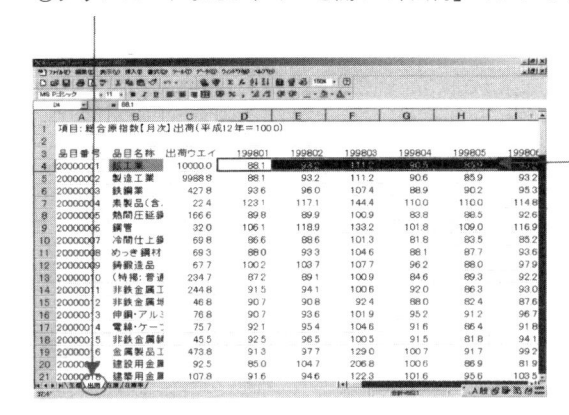

④「鉱工業」の月ごとの数字をコピーして次項のグラフの「出荷原指数」に貼り付ける。

⑤次は「在庫」のタブをクリック。

⑥④と同じく「鉱工業」に月ごとの数字をコピーして次項のグラフの「在庫原指数」に貼り付ける。

2）データ処理　※注：表の数値について。小数点第3位を四捨五入しています。

⑦

1 9 9 8 (前年)	Jan	Feb	Mar	Apr	May	Jun	Jul	Aug	Sep	Oct	Nov	Dec
出荷 前年同月比出荷変化率												
出 荷 原 指 数												
在庫 前年同月比在庫変化率												
在 庫 原 指 数												

1 9 9 9 (今年)	Jan	Feb	Mar	Apr	May	Jun	Jul	Aug	Sep	Oct	Nov	
出荷 前年同月比出荷変化率												
出 荷 原 指 数												
在庫 前年同月比在庫変化率												
在 庫 原 指 数												
在庫循環モメンタム												

⑧

1 9 9 8 (前年)	Jan	Feb	Mar	Apr	May	Jun	Jul	Aug	Sep	Oct	Nov	Dec
出荷 前年同月比出荷変化率												
出 荷 原 指 数	88.1	93.2	111.2	90.5	85.9	93.2	96.3	83.3	100.5	93.3	92.9	94.1
在庫 前年同月比在庫変化率												
在 庫 原 指 数	117.3	118.1	109.3	110.3	111.0	112.3	112.8	111.2	105.1	108.4	107.8	104.2

1 9 9 9 (今年)	Jan	Feb	Mar	Apr	May	Jun	Jul	Aug	Sep	Oct	Nov	
出荷 前年同月比出荷変化率												
出 荷 原 指 数	83.3	90.1	111.1	89.0	84.5	94.6	96.4	87.6	103.4	95.4	99.2	
在庫 前年同月比在庫変化率												
在 庫 原 指 数	106.3	106.9	98.4	99.4	101.4	102.5	102.5	101.5	96.8	98.7	100.5	
在庫循環モメンタム												

⑩ ⑪ ⑨

1 9 9 8 (前年)	Jan	Feb	Mar	Apr	May	Jun	Jul	Aug	Sep	Oct	Nov	Dec
出荷 前年同月比出荷変化率												
出 荷 原 指 数	88.1	93.2	111.2	90.5	85.9	93.2	96.3	83.3	100.5	93.3	92.9	94.1
在庫 前年同月比在庫変化率												
在 庫 原 指 数	117.3	118.1	109.3	110.3	111.0	112.3	112.8	111.2	105.1	108.4	107.8	104.2

1 9 9 9 (今年)	Jan	Feb	Mar	Apr	May	Jun	Jul	Aug	Sep	Oct	Nov	
出荷 前年同月比出荷変化率	-5.4	-3.3	-0.1	-1.7	-1.6	1.5	0.1	5.2	2.9	2.3	6.8	
出 荷 原 指 数	83.3	90.1	111.1	89.0	84.5	94.6	96.4	87.6	103.4	95.4	99.2	
在庫 前年同月比在庫変化率												
在 庫 原 指 数	106.3	106.9	98.4	99.4	101.4	102.5	102.5	101.5	96.8	98.7	100.5	
在庫循環モメンタム												

⑫

1 9 9 8 (前年)	Jan	Feb	Mar	Apr	May	Jun	Jul	Aug	Sep	Oct	Nov	Dec
出荷 前年同月比出荷変化率												
出 荷 原 指 数	88.1	93.2	111.2	90.5	85.9	93.2	96.3	83.3	100.5	93.3	92.9	94.1
在庫 前年同月比在庫変化率												
在 庫 原 指 数	117.3	118.1	109.3	110.3	111.0	112.3	112.8	111.2	105.1	108.4	107.8	104.2

1 9 9 9 (今年)	Jan	Feb	Mar	Apr	May	Jun	Jul	Aug	Sep	Oct	Nov	
出荷 前年同月比出荷変化率	-5.4	-3.3	-0.1	-1.7	-1.6	1.5	0.1	5.2	2.9	2.3	6.8	
出 荷 原 指 数	83.3	90.1	111.1	89.0	84.5	94.6	96.4	87.6	103.4	95.4	99.2	
在庫 前年同月比在庫変化率	-9.4	-9.5	-10.0	-9.9	-8.6	-8.7	-9.1	-8.7	-7.9	-8.9	-6.8	
在 庫 原 指 数	106.3	106.9	98.4	99.4	101.4	102.5	102.5	101.5	96.8	98.7	100.5	
在庫循環モメンタム												

郵便はがき

料金受取人払

新宿局承認
767

差出有効期間
平成18年3月
31日まで

160-8790

611

東京都新宿区
西新宿 7-21-3-1001

パンローリング㈱
　　　資料請求係 行

投資に役立つ
資料無料進呈

小社の本をご購読いただいたお礼に、ご希望の読者の
方にはほかでは得られない、資料を差し上げます。

→ 投資に役立つ書籍やビデオのカタログ
→ 投資実践家のためのパソコンソフトカタログ
→ 小社発行の投資レポート誌「パンレポート」の見本誌
→ そのほか、がんばる投資家のための資料・・・

**あなたが賢明なる投資家になるための資料がいっぱい！
さあいますぐ、ご記入のうえご請求ください。**

資料請求カード

ご購読ありがとうございました。本書をご購読いただいたお礼に、投資に役立つ資料(投資ソフト・書籍カタログ・セミナー・投資レポート見本誌etc)をお送りします。ご希望の方は郵送かFAXでこのカードをお送り下さい。

● **どこで、本書をお知りになりましたか？**
 1,新聞・雑誌(紙名・誌名　　　　　　　　　　　　　　　　　　　)
 2,TV・ラジオで　3,ポスター・チラシを見て　4,書店で実物を見て　5,人
 (　　　)にすすめられて　6,小社の案内(a.ホームページ b.他の書籍の案内 c.DM)　7,その他(　　　　　　　　　　　　　　　　)

● **本書についてのご感想をお書き下さい。**
 電子メール(info@panrolling.com)でもお送り下さい。ホームページで書評として採用させていただく方には、図書カード500円分をさしあげます。

ご購入書籍名

ご購入書店様名　　　　　　　　書店様所在地

| フリガナ | 性別　男・女 |
| お名前 | 年齢 |

住所 〒

電話番号

電子メール

資料請求はいますぐこちらから!!　　FAX　03-5386-7393
　　　　　　　　　　　　　　　　　　E-Mail　info@panrolling.com

1998（前年）	Jan	Feb	Mar	Apr	May	Jun	Jul	Aug	Sep	Oct	Nov	Dec
出荷 前年同月比出荷変化率												
出荷 出 荷 原 指 数	88.1	93.2	111.2	90.5	85.9	93.2	96.3	83.3	100.5	93.3	92.9	94.1
在庫 前年同月比在庫変化率												
在庫 在 庫 原 指 数	117.3	118.1	109.3	110.3	111.0	112.3	112.8	111.2	105.1	108.4	107.8	104.2

1999（今年）	Jan	Feb	Mar	Apr	May	Jun	Jul	Aug	Sep	Oct	Nov
出荷 前年同月比出荷変化率	-5.4	-3.3	-0.1	-1.7	-1.6	1.5	0.1	5.2	2.9	2.3	6.8
出荷 出 荷 原 指 数	83.3	90.1	111.1	89.0	84.5	94.6	96.4	87.6	103.4	95.4	99.2
在庫 前年同月比在庫変化率	-9.4	-9.5	-10.0	-9.9	-8.6	-8.7	-9.1	-8.7	-7.9	-8.9	-6.8
在庫 在 庫 原 指 数	106.3	106.9	98.4	99.4	101.4	102.5	102.5	101.5	96.8	98.7	100.5
在庫循環モメンタム	4.0	6.2	9.9	8.2	7.0	10.2	9.2	13.9	10.8	11.2	13.6 ⑬

⑭在庫循環モメンタムのグラフを作成する。

今回の例で示した数値をグラフにするとこの部分になります。

⑦お手数ですがフォーマットを作ってください。
⑧出荷の数字は出荷原指数に、在庫の数字は在庫原指数にコピーしてください（注：前ページの④ならびに⑥のことをもう一度説明しました）
⑨出荷の前年同月比出荷変化率に"100×（今年のデーター前年のデータ）／前年のデータ"を計算させる式を入れ、値を出します。この例の場合、1月の値は⑩のようになります。そして、2月の値は⑪のようになります。
⑩100×（83.3−88.1）/88.1＝−5.4
⑪100×（90.1−93.2）/93.2＝−3.3
⑫同様に、在庫の前年同月比出荷変化率にも"100×（今年のデーター前年のデータ）／前年のデータ"を計算させる式を入れ、値を出します。
⑬在庫モメンタムに「前年同月比出荷変化率−前年同月比在庫変化率」の式を入力し、値を出します。

第2節　ジンクスから占う

1　西暦末尾の法則

　過去百年にわたる西暦末尾を見ると、末尾の数字によって米国株式相場全体が上昇する確率が異なる傾向にあります。これを利用して1年の株式相場を占うものです。

　迷信だと思われる方がいるかと思いますが、「一種の景気サイクルを表しているのだ」と私は考えています。日本株式市場の話ではないと思うかもしれませんが、米国経済は日本を含め世界経済を引っ張る重要な役割を担っているので載せておきます。

西 暦 末 尾	0	1	2	3	4
上昇確率(％)	27.3	63.6	72.7	36.4	54.5

西 暦 末 尾	5	6	7	8	9
上昇確率(％)	100	63.6	27.3	72.7	72.7

2　米国株式市場4年周期の法則

　大統領就任3年目から上がり、次の就任期の2年目（中間選挙の年）にカクンと下がる4年周期の法則があります（次ページ参照）。

(％)

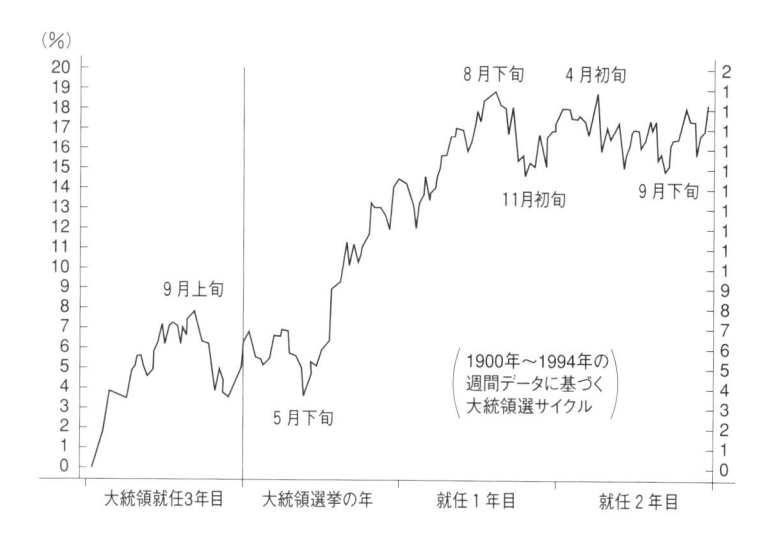

8月下旬　4月初旬

9月上旬

11月初旬　9月下旬

1900年～1994年の
週間データに基づく
大統領選サイクル

5月下旬

大統領就任3年目　　大統領選挙の年　　就任1年目　　就任2年目

日経平均10年チャート　　　　　　　　　　　　ヤフーファイナンスより引用

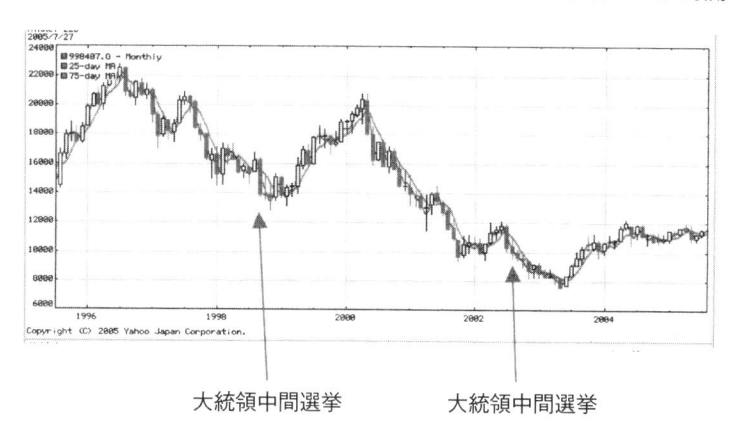

大統領中間選挙　　　　　大統領中間選挙

3　スーパーボウルの結果

　毎年2月ごろ、米国には日本の日本シリーズに相当する「スーパーボウル」と呼ばれるアメリカンフットボールの頂上対決があります。この対決でＮＦＣ（National Football Conference）所属チームが勝てばその年の株式市場は上がります。逆にＡＦＣ（American Football Conference）所属チームが勝てば下がります。

　また試合内容も肝心で、大差をつけて勝敗が決まれば相場の振れ方もそれに応じて大きくなります。

　何やらオカルトめいてますが、何故か過去１００年間、約９０％の確率で的中しています。

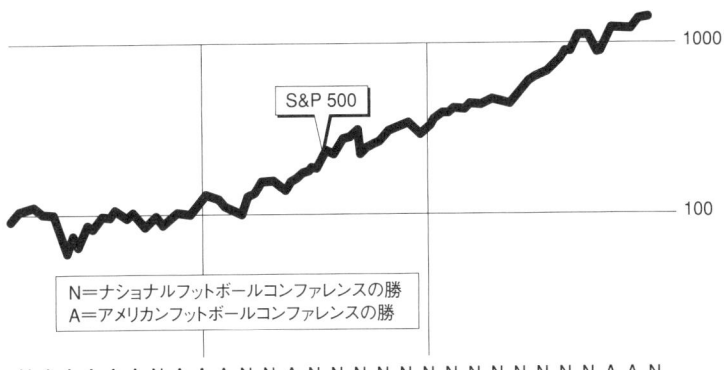

N＝ナショナルフットボールコンファレンスの勝
A＝アメリカンフットボールコンファレンスの勝

N A A A A A N A A N N A N N N N N N N N N N N A A N
'72 '73 '74 '75 '76 '77 '78 '79 '80 '81 '82 '83 '84 '85 '86 '87 '88 '89 '90 '91 '92 '93 '94 '95 '96 '97 '98 '99 2000

4　1月効果

　この法則は米国株式市場だけでなく、日本の株式市場や為替などにも当てはまります。1月を通して上昇すれば、その年1年間もトータルで見て上昇するという法則です。ちなみに、1月はその年の相場の縮図とも言われております。

5　32ヶ月サイクル

　為替トレーダーとして著名な若林栄四氏が発見したサイクルで、日本だけでなく途上国でよく見られるサイクルです。約32ヶ月ごとにカクンと下がるサイクルです。直近では2003年4月の日経平均のバブル後最安値が記憶に新しいところです（次の日本株式市場の下落は2005年12月ごろ？　その次は2008年8月ごろ？）。相場戦略を立てるときにはぜひとも頭に入れておきたいサイクルです。

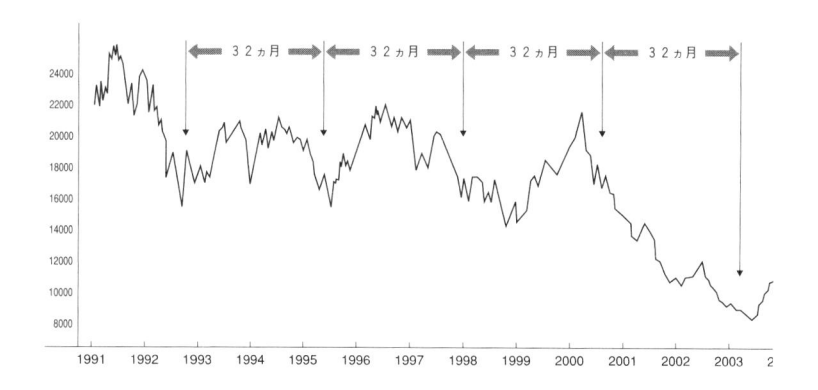

第3節 例2006年はどんな年になるか

1) 仮説
　来年を２００６年と仮定して実際に戦略を立ててみましょう（２００５年１１月現在見通し）。

＜西暦末尾のジンクス＞
２００６年上昇の可能性　　→　６３.６％

＜大統領選４年サイクル＞
最後の１年である中間選挙が始まる来年年央には株式市場も下落すると思われる

＜マネーサプライを見る＞
Ｍ１、Ｍ２、Ｍ３共に→ほぼ横ばい（２００５年１１月現在）

＜銅実需の価格＞
時々下落しているものの基本的には上昇トレンドである（２００５年１１月現在）

＜３２ヶ月サイクル＞
２００５年１２月が相当する。

＜シリコンサイクル（付録参照）＞
今がちょうど底だと思われる（シリコンサイクルについては４４ページをご参照ください）

2）結論（２００６年のシナリオ）

３２ヶ月ごとの下落サイクルが２００５年１２月にあります。また、２００６年は米国大統領中間選挙の年なので年央までには上昇、その後、下降に転じると考えます。この相場観をもとに、以下の２つの戦略を立ててみました（ただし、２００６年の１月効果や同年のＮＦＬスーパーボウルの結果によっては変更の必要が生じます）。

＜買いセクター＞

①銅実需の価格が上がっているものの、２００３年から景気敏感株（素材セクター）の株価が上がってきているので、ＰＥＲやＰＢＲ（９９ページ参照）から見て割安でない限り、基本的には景気敏感株は買わないことにします。以下の銘柄群を２００５年１２月の相場下落時に購入し、２００６年央に売却するシナリオです。

> △半導体関連（シリコンサイクル２００５年１１月現在は底から脱していると判断）
> △証券セクター（半導体株と連動して上昇の可能性があります。値動きの激しいセクターであることから、急激な株価上昇の可能性も視野に入れておきます）
> △２００５年秋季ＩＰＯ銘柄（２００６年１月効果で１月中にも売却する場合あり）

②２００６年央に株式相場が下落したときには非景気敏感株（医薬品セクターなど）が景気敏感株に代わって上昇する可能性もあります。だからこそ、購入に値する銘柄を今の段階で物色しておきます。

3）もし、相場観が外れたら（その1）

相場に絶対はありませんから、予測が外れる恐れも十分あります。もし外れた場合、以下のように修正します。

＜株式相場観を阻むリスク＞

　２００５年末から米国の政策金利上昇が銅をはじめとする非鉄金属実需の価格の下落を誘い、株式市場もその影響を受けて下落の一途をたどる。

＜上記リスクに応じた行動の選択肢＞
△株式を投売り現金化します
△非景気敏感セクターに買い換えます
△半導体関連株投資（シリコンサイクル２００５年１１月現在底）
△高収益割安株（非景気敏感系）

4）もし、相場観が外れたら（その2）

１月相場が異常に上昇したり、ＮＦＬスーパーボウルの結果（２００６年度）がＮＦＣチームの圧勝だった場合、以下の選択肢が考えられます。

△春に売るべき持ち株を、売らずにそのままホールド
△さらに景気敏感株を買い増しします（すでに買っていれば）

5）もし、相場観が外れたら（その3）

1月相場が異常に下落したり、NFLスーパーボウルの結果（2006年度）がAFCチームの圧勝だった場合、以下の選択肢が考えられます。

△持ち株を春に売り、現金化
△持ち株を一部でも良いから非景気敏感株に乗り換えます

第2章
(来年の)株式市場が好調と予測される場合

　稼ぎどきの到来です！　特に素材関連の景気敏感株の上がり方には目を見張るものがあるでしょう。皆さん期待に胸を膨らませて銘柄選別に励んでください！

第1節　景気敏感株を買う

　景気敏感株とは、素材（鉄鋼や非鉄金属、石油化学、繊維など）、電機、半導体、証券、海運など、景気が良くなれば株価が上昇する株を指します。景気敏感株には以下のような流れが見えます。

```
　　　景気回復　→　株価上昇
　　　景気後退　→　株価下落
```

　景気が悪かったころに余っていた在庫が時間とともにだんだん少なくなっていき、次第に在庫の補充が必要となってきます。そして、原材料の需要が活発になっていき、景気が回復していく。そういう循環です。

　景気が良くなれば財布の紐もゆるくなって何かを買いたくなりますよね。そうなると「風が吹けば桶屋が儲かる」ではありませんが、いろいろなところに波及して、いろいろなセクターにお金が転がり込む、というわけです。

　ちなみに、不況から景気が回復するにつれ株価が上がるセクターには順番があります。一般的に、素材（鉄鋼、非鉄金属、石油化学etc）→電機→海運→不動産と言われています。

【コラム　　半導体・電気株を買うときの注意】

　特に半導体関連株に言えるのですが、これらの株は約2年を1周期とする需給の波に応じて株価を上下させます。
　「いきなり電機株を買って損をした」という話をよく聞きます。こういうことが起こる理由は、その方々の頭の中に、（あくまでも一般論としてですが）以下の等式があるからではないかと思うのです（かつての私もそう思っていました）。

株式投資＝永遠の成長株を買う＝電機株、半導体関連株を買う

　でも、実際は違うのです。ハイテク株と呼ばれる電機株や半導体関連株はシリコンサイクルと呼ばれる約2年周期の半導体の需給の緩急によって決まるのです（例：2000年のITバブルや2004年のデジタル家電ブーム）。所詮は循環株です。そのことを頭に入れて買うべきでしょう。
　さて、ここでは銘柄判断に用いる「シリコンサイクルグラフ」の作り方を紹介していきます。今回ご紹介するシリコンサイクルグラフは以下のように3つあります（詳細は44～49ページ）。

1：生産高前年同期比をもとに作るグラフ→日本国経済産業省からデータを入手します。
2：国内BBレシオをもとに作るグラフ→社団法人日本半導体製造装置協会からデータを入手します。

3：北米ＢＢレシオをもとに作るグラフ→ＳＥＭＩジャパンからデータを入手します。

注）時間のない人は「1」「2」だけで良いでしょう。

まずは、上記ホームページにアクセスし、データを入手し、グラフ化していきます（実際の進め方は４４ページ以降を参照）。

半導体は大量生産しますから、需要が少なくなっても在庫の増大に歯止めがかかりません。結果、さらに需給が悪化してしまいがちになるのです。しかし、生産活動の縮小により在庫量のピークを過ぎるようになるとだんだん需給が引き締まり、再び生産活動が増大します。このようにして振幅の激しいシリコンサイクルと呼ばれる約2年周期の需給の波が生じていくわけです。

逆を言えば、そこに投資チャンスがあるわけで、サイクルの底のときに買って、天井で売り抜けることができればサイクルの振幅ぶん、投資妙味が生じるわけです。

さらに、サイクルの周期がおおまかではあっても把握できるので、信用取引（６５ページ）も仕掛けやすくなります。すなわち、サイクルが底のときに信用買いをして、天井のときに売って、さらにそこで空売りを仕掛けることができるのです。

サイクルの振幅と、前もってわかる――おおまかではあるけど――サイクルの周期で2種類の投資妙味、言ってみれば1粒で2度オイシイ投資方法が実行可能なのです。

第2節　国内企業物価指数で
　　　　買うべきセクターを選別する

　景気が回復すると、製品の需要が増えて、同時に価格も上がっていきます。ここでは、「セクターごとの製品価格が上昇に転じたものを見つけて投資すべきセクターを見極める」方法を学んでいきたいと思います。

　ちなみに、この指標は外国人投資家も注目している指標です。下記の日本銀行のホームページ内の"国内企業物価指数"を見てください（毎月発表されます）。

http://www2.boj.or.jp/dlong/price/price4.htm

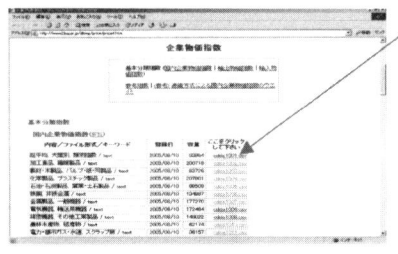

① 総平均、大類別、類別指数欄のファイルをダウンロードして開いてください。

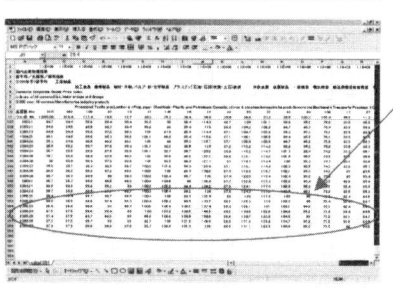

② このあたりの数字が上昇、あるいは横ばいに転じたセクター（業種）が買いどきです（注：実際に画面を見ていただければわかると思います）。

シリコンサイクルグラフの作り方
IC生産前年月比編

１）データの入手法

①以下のＵＲＬのホームページを開いてください。

URL http://www.meti.go.jp/statistics/data/h2afdldj.html#data

経済産業省の統計指標のページにたどり着きます。

② このファイルをダウンロードして開く

③ダウンロードしたファイルを開いて「生産」のタブをクリック。たくさんの数字が並びますが、④で紹介する数字だけを相手にするので気にしないように。

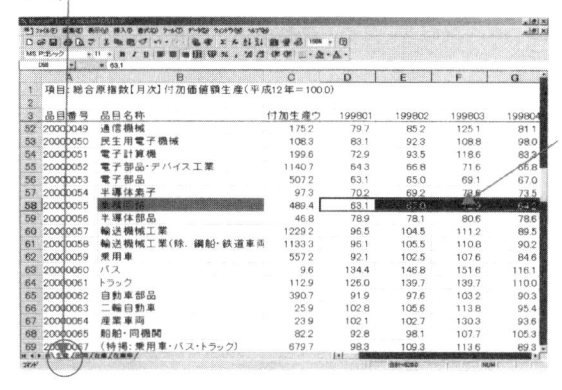

④「集積回路」の月ごとの数字をコピーする。

2) データ処理

⑤ ▓▓ (原指数)の行に④でコピーしたデータを貼り付ける。

98-05 IC Production	1998												1999														
	Jan	Feb	Mar	Apr	May	Jun	Jul	Aug	Sep	Oct	Nov	Dec	Jan	Feb	Mar	Apr	May	Jun	Jul	Aug	Sep	Oct	Nov	Dec	Jan	Feb	Mar
累積回路生産前年前月比													-2.9	-3.7	4.3	5.3	7.7	7.6	8.9	16.6	16.8	17.2	25.8	26.8	34.6	38.0	22.9
原　指　数	63.1	67.0	72.9	64.2	62.3	68.4	68.4	62.7	67.8	66.9	65.8	64.1	61.3	64.5	76.0	67.6	67.1	73.6	74.5	73.1	79.2	78.4	82.8	81.3	82.5	89.0	93.4

⑥ ▓▓(集積回路生産前年前月比)の各セルに"100×(今年のデーター前年のデータ)/前年のデータ"を計算させる式を入れる

⑦⑥データのグラフを作成する　⑧株価チャートと比較・検討

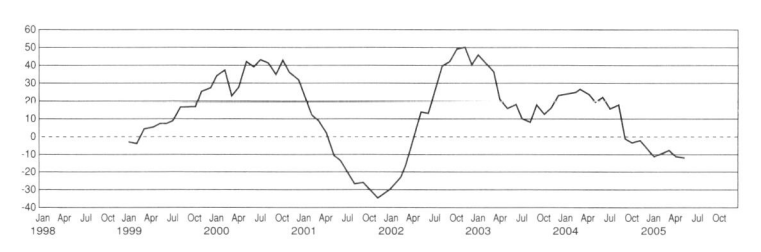

◎底ー底が約2年周期であることがわかると思います。　◎過去のデータからこんな風になることを予想しています（2006年1月から3月がピーク？）

45

シリコンサイクルグラフの作り方

国内BBレシオ編
※BBレシオ：Booking to Billing Ratio の略で受注÷出荷の値を示します。

1) データの入手法

これから作成するグラフは半導体製造装置の「受注÷出荷」の時系列値のグラフです。一般的に半導体、電機株の株価の先行指標とも言われています。

①まずは、以下URLのホームページを開いてください。「社団法人 日本半導体製造装置協会」のホームページの統計資料にたどり着きます。

http://www.seaj.or.jp/

②これらのファイルを開きます。上段が最新データ、下段が過去のデータです。

③ファイルを開き、図示数字の部分をコピーします

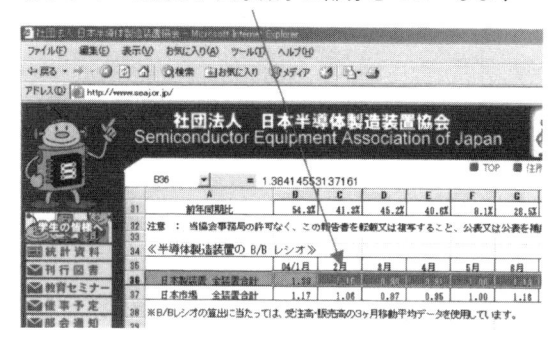

出典：社団法人日本半導体製造装置協会

2）データ処理

年度	1998												1999											
月	Jan	Feb	Mar	Apr	May	Jun	Jul	Aug	Sep	Oct	Nov	Dec	Jan	Feb	Mar	Apr	May	Jun	Jul	Aug	Sep	Oct	Nov	Dec
BBレシオ日本製装置　全装置合計	0.82	0.66	0.59	0.64	0.71	0.87	0.84	0.77	0.71	0.69	0.76	0.91	1.09	1.11	0.98	1.07	1.22	1.50	1.41	1.26	1.20	1.26	1.39	1.47

①

①この行にコピーしたデータを貼り付けます。

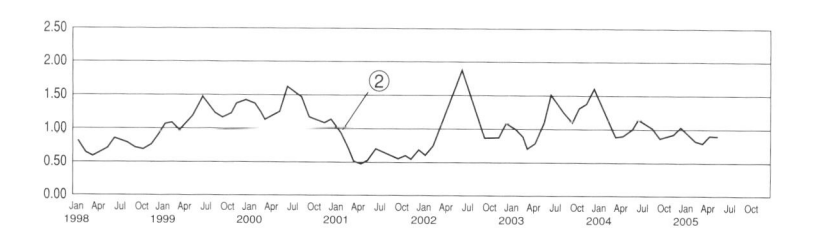

②コピーしたデータをもとにグラフを作成します。
③このグラフと株価チャートに照らし合わせます。

シリコンサイクルグラフの作り方
北米BBレシオ編

1）データ入手

これから作成するグラフは北米半導体製造装置の「受注÷出荷」の時系列値をグラフです。先の国内BBレシオ同様、一般的に半導体や電機株の株価の先行指標とも言われています。

①まずは以下URLのホームページを開いてください。SEMIジャパンのホームページの統計資料にたどり着きます。

http://wps2a.semi.org/wps/portal/_pagr/117/_pa.117/199

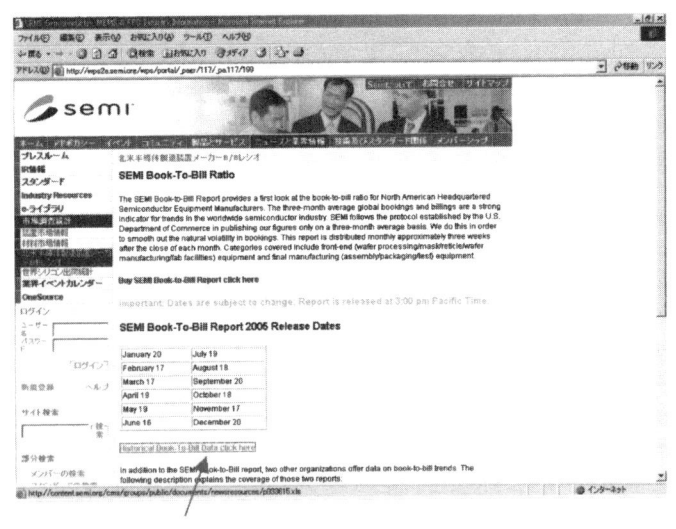

②このファイルを開きます

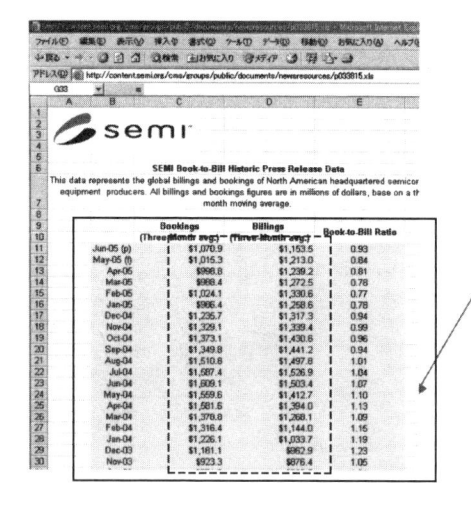

③ファイルを開き、図示の数字の部分からグラフを作成（まず太線枠の数字をすべてコピー。その後、点線枠のグラフの表示を消します）。

出典：SEMIジャパン

2）データ処理

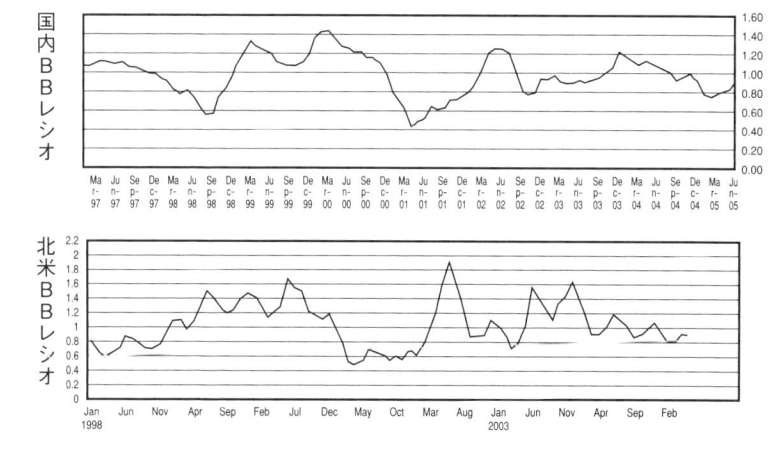

ごらんのとおり国内、北米共に約2年程度の周期で似たような波形をもっていることがわかると思います。つまり、半導体の需給の波はほぼ世界共通といっていいでしょう。

シリコンサイクルに応じて株価が動く銘柄の紹介

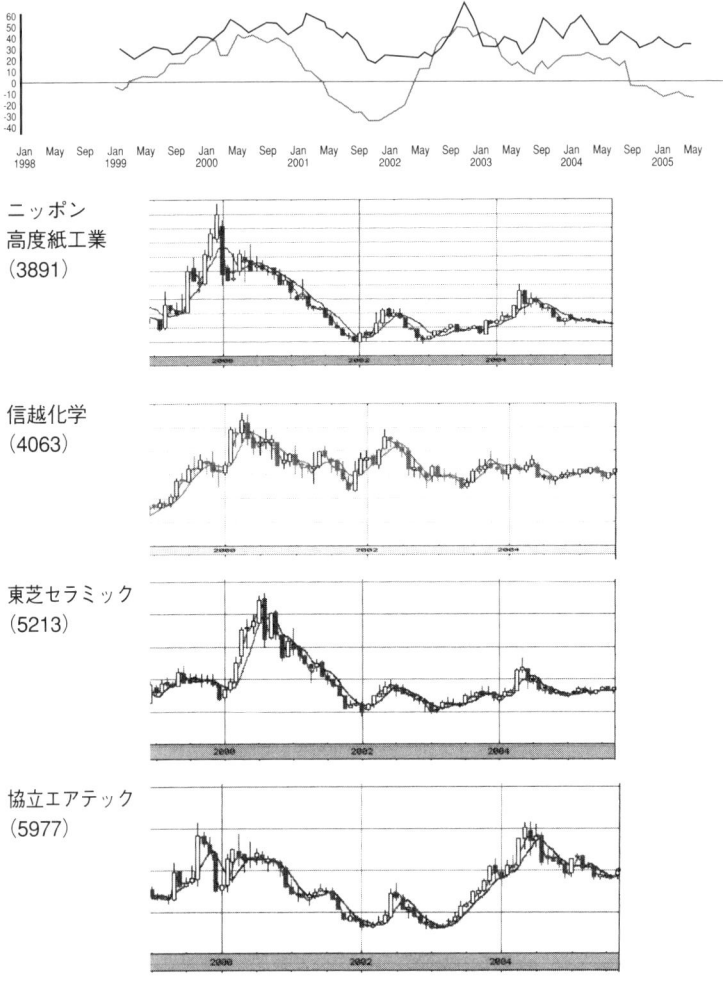

ニッポン
高度紙工業
(3891)

信越化学
(4063)

東芝セラミック
(5213)

協立エアテック
(5977)

以上、すべてヤフーファイナンスより引用

東芝機械
(6104)

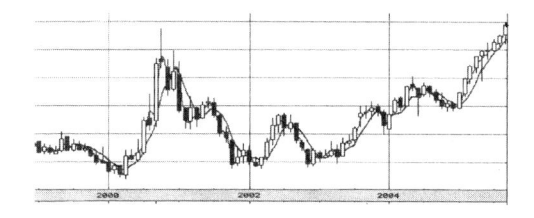

SMC
(6273)

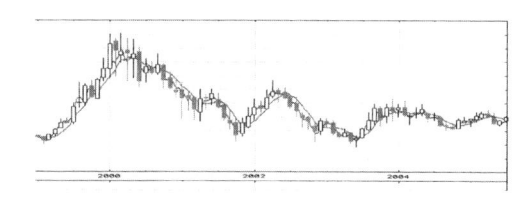

ユニオンツール
(6278)

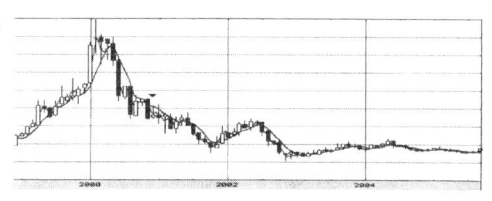

SES
(6290)

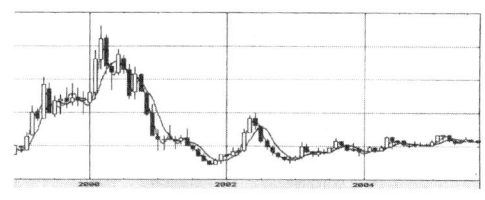

以上、すべてヤフーファイナンスより引用

TOWA
(6315)

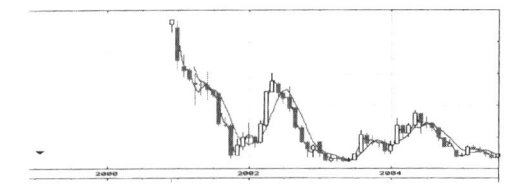

ローツェ
(6323)

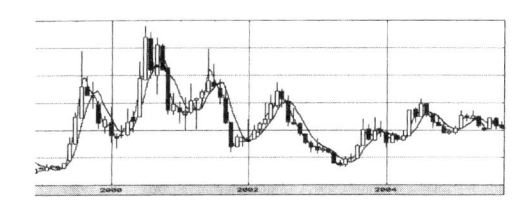

サムコ
(6387)

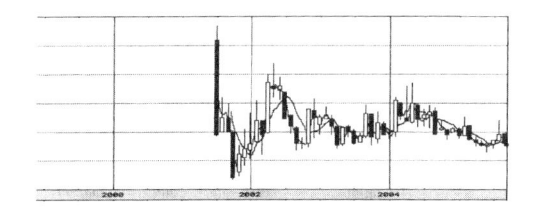

CKD
(6407)

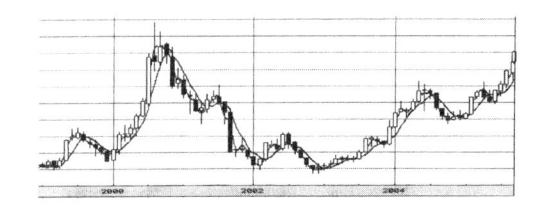

以上、すべてヤフーファイナンスより引用

第3節　セクターから銘柄を抽出する

先の節では買うべきセクターを選定しました。この節では具体的にどんな銘柄を買うべきかを絞り込んでいきたいと思います。

1　効率よく利益を出している銘柄を選び出す

バブル以前は売上至上主義でしたが、バブル後ではいかに利益を得るか、利益率を上げるかに価値観が変わってきました。あるセクターから銘柄を選ぶときもあらゆる面で効率よく利益を出している会社を選ぶべきでしょう。以下に、私が実際に使っている方法を紹介したいと思います。

①CD－ROM版会社四季報を用意してください。

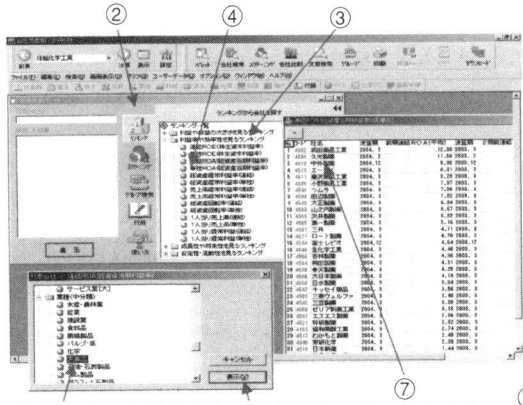

②「ランキング」をクリックします

③次に「利益率や効率性を見るランキング」をクリックします

④以下のランキングすべてをダブルクリックで試してみてください
・総資産経常利益率(連結)
・売上高経常利益率(連結)
・総資産回転率(連結)
・一人当たり売上高(連結)
・総資産回転率(連結)

⑤セクターを選択します(今回は医薬品)　⑥表示をクリックします

⑦④のすべてのランキングで上位にくる銘柄をいくつか選択します。

出典：CD－ROM版会社四季報（東洋経済新報社）

そして、以下に表されるすべてのランキングに出ている企業の中からすべてのランキングの上位に出ている企業を選びます（No1である必要はありません。目安として20位くらい）。

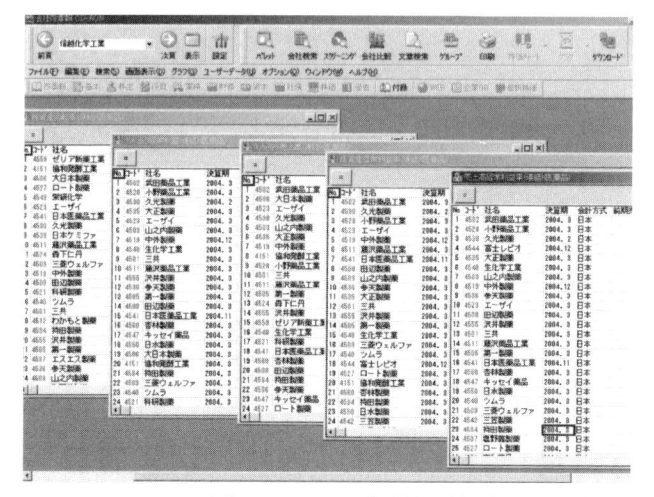

出典：CD－ROM版会社四季報（東洋経済新報社）

上記リストから選び出すと以下の銘柄が該当するかと思います。

◎久光製薬　　　　　◎田辺製薬
◎武田薬品工業　　　◎藤沢薬品工業（アステラス製薬）
◎中外製薬　　　　　◎第一製薬
◎山之内薬品　　　　◎エーザイ
◎三共　　　　　　　◎沢井製薬

　次は、これら銘柄の株価が割安かどうかを判断していきたいと思います。

2 割安な銘柄を選び出す

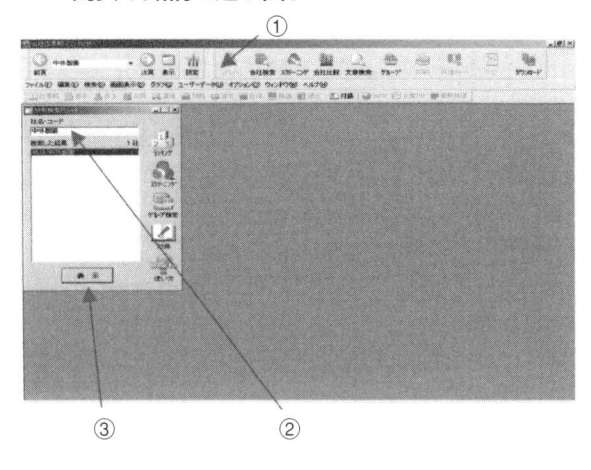

出典：CD-ROM版会社四季報
（東洋経済新報社）

①パレットをクリックします

②企業名（久光製薬など）を入力します

③"表示ボタン"をクリックします

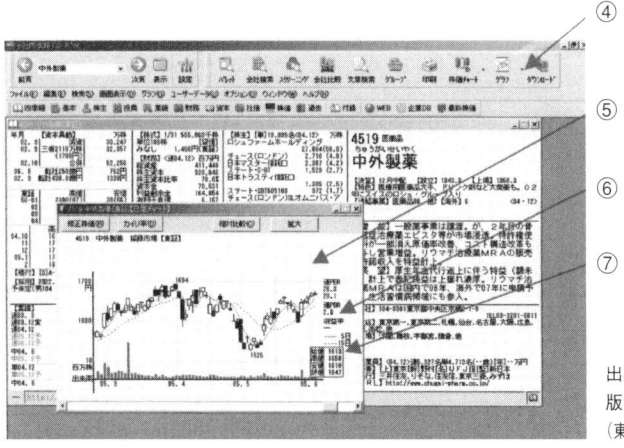

出典：CD-ROM版会社四季報
（東洋経済新報社）

④"株価チャート"を押します
⑤株価チャートが出てきます
⑥PERを読み取ります。PERの値が25以下なら割安
⑦PBRの値を読み取ります。PBRの値が1.5以下なら割安です
⑧⑥、⑦の割安条件を満たせば買ってもいい銘柄です

54ページで選び出した銘柄（2005年5月15日）のPBR、PERは以下のようになりました。

銘柄	※PBR	※※PER
中外製薬	2.6	26.3
久光製薬	2.6	18.4
武田薬品工業	2.3	19.4
山之内製薬	1.7	24.1
三共	1.4	28.1
田辺製薬	1.4	26.9
藤沢薬品工業 （アステラス製薬）	2.1	33.7
第一製薬	1.5	34,6
エーザイ	2.3	23.2
沢井製薬	1.7	18.3

これらをPBR、PERの値を参考に割安か否かの判断をしていただければと思います。ただ、今回出した値は5月中旬の値なので実際に買うときにはあらためて調べて、さらに絞込みをかけましょう。

3　財務をみる～急落リスクを防ぐために～

この項では先ほど選んだ企業の財務を調べます。チェックすべき項目は以下の3つです。
ちなみにこれらの項目もCD-ROM版会社四季報の各銘柄の"財務"を見て比べてみればわかります。

①流動比率など、さまざまな指標があります

出典：CD－ROM
版会社四季報
（東洋経済新報社）

◆**売掛金÷売上金の値が年々増えていないか**

　この値はリスクの高い売上を増やしてないか、もしくは粉飾決算（架空の売上）の可能性の有無を調べるのに役立ちます。この値が増えると×です。

◆**特に棚卸資産÷売上原価の値が年々増えていないか**

　この値は、在庫のコントロールができているか、うまくキャッシュフローを生み出せているかを見る指標となります。景気がどうなろうともこの値が一定の値をキープできていれば在庫管理に巧みな会社と言えるでしょう。この値が増えると×です。

◆**流動比率が急激に下がってないか**

　この値は、財務の健全性と今後の成長の可能性という、2つの性格を見るのに適しています。当然、この値が高ければ高いほど財務が健全と言えます。また、現金の保有が多ければ今後の成長の原資を持っていると考えてよいでしょう。最低でも100％は欲しいところです。

以上の項目に、もしひとつでも当てはまっていたら投資はパスします。

4　さらに銘柄を絞り込む　その1〜急落するリスクを減らす〜

　どういうわけか、ほかの投資本には株価急落リスク防止を訴えているものがほとんどありません。そこで、この本では株価急落リスク防止について書いてみようと思います。結論から言うと、株価急落リスクを見込むべきです！　これは大事です！

　まずは粉飾決算の有無を調べましょう。これは、会計のプロでなくともわかります。『格付速報』を利用すればいいのです。『格付速報』は大きな書店にいけば手に入ります。立替期間や借入金対月商比など、見るべきポイントはいろいろありますが、主に以下の3つで十分でしょう（各企業のOXPen分析表を見ます）。

◎粉飾決算係が低い銘柄は避ける（数年にわたって10点満点が欲しいところです）。ちなみにカネボウはこの値がずっと低かったです。
◎格付けの低い銘柄は避ける（最低でもBBB）
◎コメント（ネガティヴなコメントがあったら買うのは避ける）

　これらが納得いくものであれば投資してもOKです！

5　さらに銘柄を絞り込む　その2〜急落するリスクを減らす〜

さらに格付をチェックしたい方は下記の世界に名だたる格付機関のホームページを参照してはいかがでしょうか。

■ムーディーズ
URL　http://www.moodys.co.jp

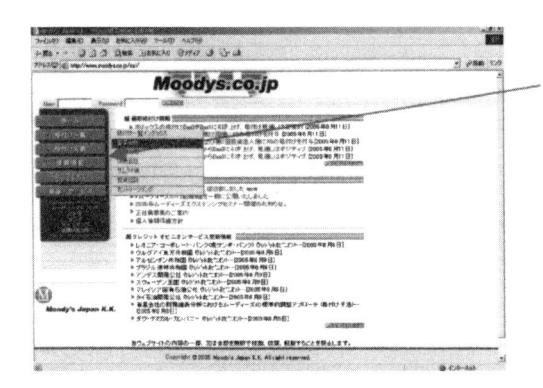

"格付一覧"にカーソルを合わせ、"事業会社" をクリックします。

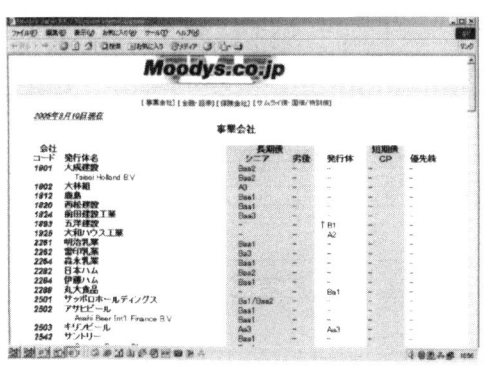

こんな感じで各企業の格付が一覧できます（最低でもBBB）。

■スタンダートアンドプアーズ

URL http://www.standardandpoors.co.jp

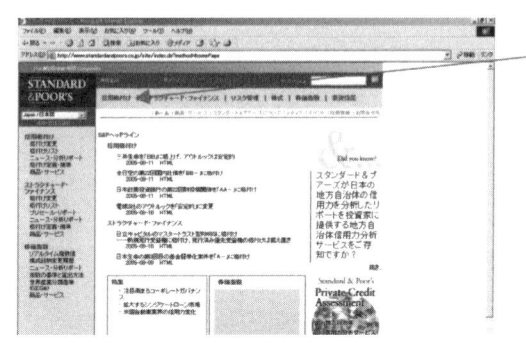

"信用格付"をクリック。

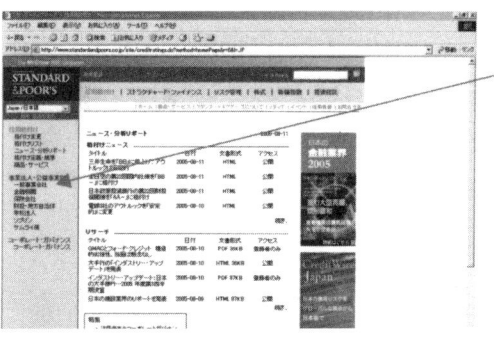

"一般事業会社"をクリック。

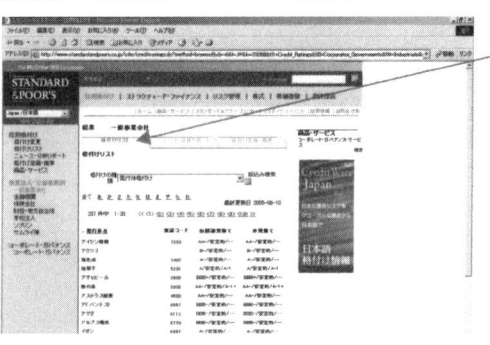

"格付リスト"をクリック企業の格付が表示されます（最低でもBBB）。

第3章
(来年の)株式相場が下落すると予想されるとき

　株式相場が下落しそうなときも儲けのチャンスがないわけではありません。あまり悲観的にならず、次に記す方法を試みれば資産を増やすチャンスが訪れるかもしれません。

第1節 株を買わず現金のままにする

　株式相場が下落することを考えた場合、まず思い浮かぶのは株式を買わずに現金のままにしておくことです。この原稿を執筆している２００５年現在、デフレにある最中ですからキャッシュが王様といった具合です。このようなときには、あえて何もせず現金のままにしておくのも一考に値すると思います。

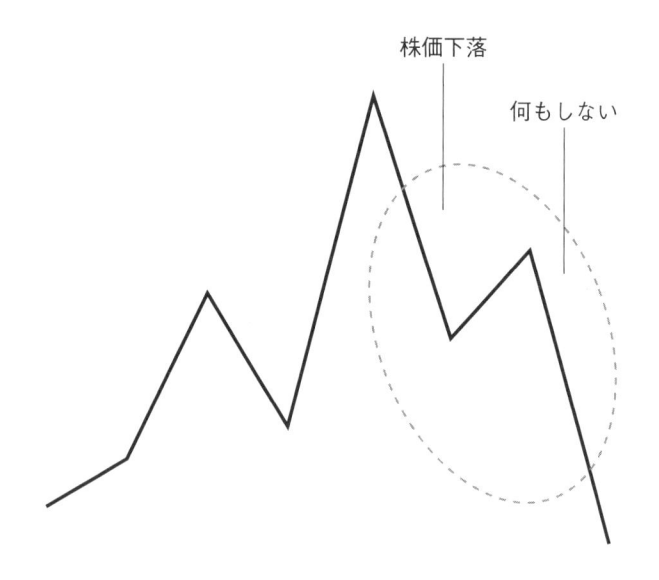

株価下落

何もしない

郵便はがき

料金受取人払

新宿局承認

767

差出有効期間
平成19年3月
31日まで

1 6 0 - 8 7 9 0

6 1 1

東京都新宿区
西新宿 7-21-3-1001

パンローリング㈱
セミナー資料請求係 行

||..||.·||.·||..||.·||..|.·|.|.·|.|.·|.|.·|.|.·|.|

購入書籍名	

購入店名	購入店所在地

フリガナ	性別
お名前	年齢

住所 〒

電話番号

E-mail

パンローリングセミナー DVD・ビデオ
120%満足保証! パンローリングが贈る、成功する投資家になるための投資家セミナー

① 為替の戦略 「システムトレードの基礎」 講師 成田博之 3,990円 (税込)
「単純なルールでなくては実行に移せない」しっかりとしたロジック (論理) がなくてはトレーディングルールを作り上げることは困難です。実践に役立つトレードルールを他人から学ぶことも大切ですが、各自のスタイルに合ったルールを作るために、ロジックを学ぶことも重要です。トレンドを分析して、どのようにトレードするのか、例を挙げて解説しています。

② Prof. サカキ式株式投資セミナー【完全版】 講師 榊原正幸 29,400円 (税込)
バリュー投資を基本に、会計学博士ならではの分析法を加えた、極めて安全で確実な投資法を紹介。バリュー投資の欠点を見事に補い、半年から1年くらいの保有期間を目安に、10%～30%の利益確保を目指します。

③ 日経225オプション売買セミナー【実践編】 講師 増田丞美 40,000円 (税込)
本セミナーの目的は、225オプション取引において成功するための知識と技術を徹底的に身につけていただくことにあります。ズバリ利益を上げる方法を話しますので、「オプションとは何か」という話は省き、いきなり実戦的な話をいたします。

④ 究極のテクニカル分析 黒岩流「窓・ひげ理論」 講師 黒岩泰 3,990円 (税込)
100%的中する、テクニカル指標は存在しない。ならば、より100%に近い確率で的中する指標を使うべきだろう。毎日、数十本に及ぶテクニカル分析コメントを書いてきた講師が気付いた、100%に近い法則を惜しげもなく公開。

⑤ 短期テクニカル売買セミナー＜上級者編 追補改訂版＞MM法の全貌 講師 増田正美 29,400円 (税込)
ますます進化するMM法を更に「上級者編」として解説します。MM法の基礎を理解したうえで、変化するマーケット (市場) に対応すべく、新「裏技」の公開から増田氏ならではの市況の判断方法、実際のテクニック、MM指数と日経平均偏差値カーブを利用したテクニックなど新・公開です。

⑥ 投資の行動心理学 講師 青木俊郎 5,040円 (税込)
成功するトレードは3つのM (マインド・メソッド・マネー) に基づいています。マインドはトレードの心理であり、メソッドは戦略、そしてマネーとはリスク管理のことです。期待と恐怖の連続である投資の心理学とは自分の決断に絶対の自信を持つことです。

⑦ 大化けする成長株を発掘する方法 講師 鈴木一之 5,040円 (税込)
大化けする成長株を発掘することは、さほど困難ではありません。その投資法とは、利益・増益の確認、株価の位置やトレンド、時価総額など誰もが学習すれば確認できるものばかりだからです。全米で100万部超のウルトラ大ベストセラーとなり、今もロングセラーを爆走している『オニールの成長株発掘法』の内容を暴いています。

⑧ 実践!! 為替の短期売買セミナー 講師 中原駿 48,000円 (税込)
主に為替市場の短期トレードで実戦経験のある人対象とした利益を上げるためにはなくてはならない基本の復習から経験的実践方法を伝授するものです。為替市場に焦点を絞っていますが、短期売買のノウハウとして他市場への応用も可能な手法が含まれます。実際に売買を手がけている実践家の経験と短期パターンを基に個人が勝てる戦略を紹介します。実践者だからこそのオリジナルのノウハウをたっぷりと公開します。

ホームページではサンプル画像を見ることが出来ます!
http://www.panrolling.com/seminar/

お問い合わせは、パンローリングまで
Tel. 03-5386-7391　　Fax. 03-5386-7393　　info@panrolling.com

第2節 勇気をもって非景気敏感株を買う

　非景気敏感株とは衣料品、食品、医薬品、ガス、電力、鉄道などに代表されるような景気に業績が左右されない銘柄群を指します。
　食べものや医薬品は景気にかかわらず人間がいる限りいつも需要がありますよね。ということは、食品会社や製薬会社の利益は景気に関係なく安定しているということです。もっといえば、株価も景気に左右されにくいということです。
　また、景気の影響を受けないぶん、景気が悪くなると景気敏感株からの資金が流入してくる可能性があるという特長もあります。つまり、非景気敏感株の銘柄群の株価が上昇するかもしれないというわけです。
　すなわち次のような、

> 景気下降　→　株価そのまま、あるいは上昇

の図式が成り立つ場合があるのです。
　次ページのチャートを見てください。楕円で囲んだところは2000年のITバブル崩壊時のときにハイテク株の占める割合の多いナスダックから非景気敏感株のひとつである同社株に資金が流れたことを意味します。またその後の値動きもナスダックより緩やかな下がり方をしています。

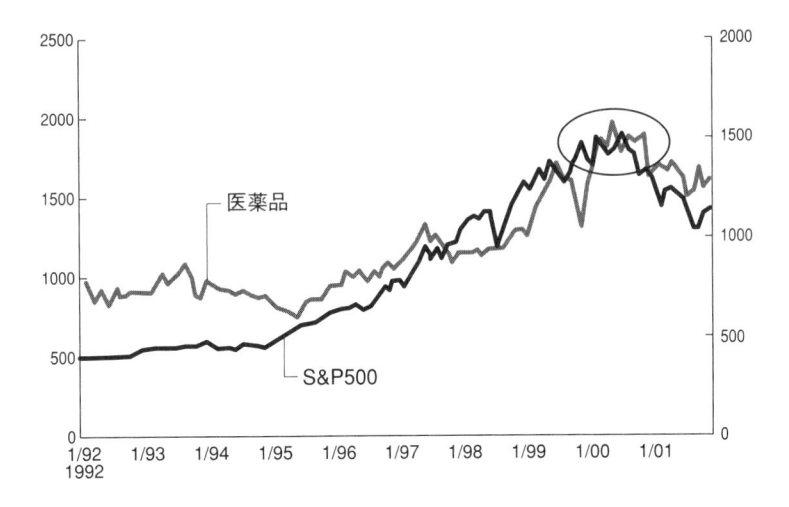

◎S&P500が低迷、あるいは下落しているときには非景気敏感株である医薬品セクターが上昇していることがわかるかと思います。

もうひとつ、米国薬品大手メルクとナスダックのチャートを参考までに載せておきます。

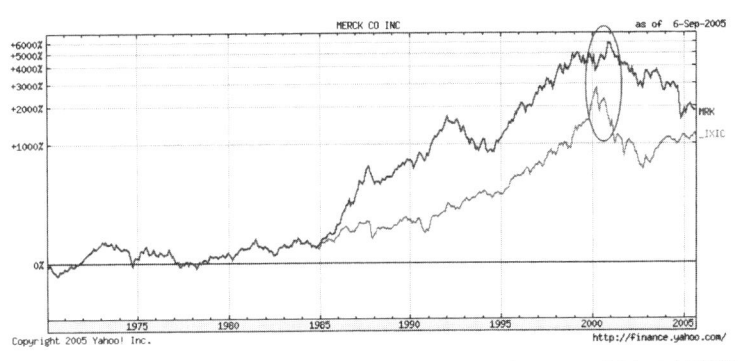

ヤフーファイナンスより引用

第3節 景気敏感株を空売りする

　株式相場が下落しそうなとき、まず景気敏感株の下げが考えられます。

　この下げを利用して割高となっている株、特に電機・ハイテク株を空売りすることが良いのではないのでしょうか。電機・ハイテク株の株価は下がるときも短期的に急激に下がる性質があるので空売りにはもってこいだといえるでしょう。

　なお、空売りの詳細は以下の信用取引をご覧ください。

信用取引ってなあに？

　信用取引については、私よっしーが担当します。私の投資法の詳しい説明は第5章に譲るとして、早速、信用取引についてお話ししていきたいと思います。

　さて、「株式投資をする」といった場合、ふつうは「どれかの銘柄を選んで買い、株価が上がったところで売る」ことをイメージすると思います。「安いところで株を買い、高くなったところで株を売る」。そうすれば、高くなったぶんだけ利益（キャピタルゲイン）が出ます。これがいわゆる一般的な『現物取引』です。

　つまり、「株」という「現物（実体のあるもの）」を買って帰り（実際には証券会社に預けてあるので実物は見られませ

んが)、その価値が上がったところで売りに出すのです。

さて、株式投資の方法には、この「現物取引」のほかにもうひとつ、あります。それが「信用取引」です。

信用取引というのは、『担保を差し入れておいて、一定期間内（一般には6ヶ月）に決済するという約束のもと、担保の許す範囲内でお金を借りて株を買ったり、株券を借りてきて株を売ったりする方法です』[『オンライン投資家の30万円から始める信用取引の本』（東洋経済）より)]。簡単にいうと、「自分のお金や株券を担保に、自分の資金以上に株の売り買いができる」のです。その比率はというと、証券会社にもよりますが、担保（＝委託保証金と言います）の2.5倍。もし、あなたが、40万円持っていたとしたら、100万円の株が買える（あるいは売れる）数字になります。

例えば今、とても欲しい株がふたつあるとします。その株は70万円と30万円、計100万円です。でも、あなたは40万円しか持っていません。ふつうならば両方は買えません。ですから、もしかしたら30万円のほうだけ買うかもしれません。でも、信用取引なら、両方買うことができるのです。これが信用取引の持つ、レバレッジ（てこ）の力です。

レバレッジ（てこ）。耳慣れない言葉かもしれません。『金持ち父さん　貧乏父さん』のロバート・キヨサキは、好んでこの言葉を使います。彼に言わせれば、「金持ちは、みな必ず、このレバレッジ（てこ）の力を使っている」そうです。だから、普通の人が、一生働いても稼ぐことのできないような金額を、わずかな期間の間に、それほど危険をおかすことなく、稼ぐことができるのです。

◆**空売りについて**

「この株は、かなり高くなったなあ。早く買っておけば、良かった。今から買っても遅いし、もう下がり始めるだろう……。ちょっと前に買っておけば、今ごろ売って利益を出してるのに」と思ったこと、ありませんか。

このような状況に陥ったとしても、信用取引を利用すれば、利益を手に入れられる可能性があります。信用取引なら、「株を持っていなくても売ることができる」からです。「持ってない株を売る」。それが「空売り（からうり）＝信用売り」です。

空売りとは、株式の取引で、売りから入ることをいいます。仕組みは次のようになります。

まず、証券会社があなたに株券を貸してくれます→あなたは、それをすぐに売ります→売った金額があなたに入ります→株価が下がったところで決済します（買い戻します）→株券を証券会社に返します→あなたの手元には、売ったときと買い戻したときの差額が残ります。

つまり「証券会社」に頼んで、従来の売買の逆の手順をやってもらっているだけです。

「安く買って（買い）→→→高く売る（売り）」が、ふつうの買いから入る売買。
「高く売って（空売り）→→→安く買う（決済＝買いもどす）」が、売りから入る売買です。

例を出しましょう。あなたが、ある株に目をつけます。

「連日の高騰でそろそろ、あぶないかなあ？」。つまり下落するだろうと思える株に目をつけます。そして、あなたはその株を「空売り」します。その株の値段は、今、１００万円です。あなたは今、１００万円でその株を売りました。あなたの読み通り、その株は天井をつけ（値段が上がりきり、下がり始めること）、みるみるうちに８０万円になりました。ここで、あなたは決済します（買い戻します）。あなたは、１００万円で売って８０万円で買い戻したわけです。２０万円の儲けです。

　理屈をもう一度言いましょう。最初、あなたは株券を証券会社から借りてきたわけです。それを市場で１００万円で売りました。売ったわけですから、あなたは１００万円を手に入れたことになります。

　さて、その後、株価が８０万円になりました。市場でその株を８０万円出して買い戻しました。買ったわけですから、あなたの手元から８０万円出たことになります。結果、あなたのところには、２０万円（売りと買いの差額）と株券が残ります。株券は証券会社に返します。ほっと一息です。これが「空売り」です。

　どんなメリットが生じるか、わかりますか？　市場全体が下がりっぱなしでも利益を得ることができるのです。

　この信用取引は、昔はお金持だけの特権でした。まず、ものすごい資産がなければ許してもらえませんでした。そして、何年も株式投資の経験を積み、豊富な知識がなければだめだったのです。ところが今は、３０万円もあれば始められます。経験については、３ヶ月も株式投資をしていれば審査

が通ります。

◆**信用取引の本当のメリット**
　信用取引の大きな特長は、ここまでにお話しした２つです。

☆「資金のレバレッジ（てこ）がきくこと」
☆「売りから取引（空売り）ができること」

　では、この特長を使って、どんなメリットが生じるのでしょうか。「資金のレバレッジがきく」ことと、「売りから入ること（空売り）ができる」ことによって、どんな良いことがあるのでしょうか。もちろん、「お金がなくても買えない株が買える」ことや「景気が悪くても儲かる」という２点は魅力です。
　先ほどの例でいうと、４０万円の資金で１００万円の株が買えるわけですから。また、景気が悪くてもいいのですから、政治改革が進もうが進むまいが、株式市場の中で利益を出し続けられるわけです。でも、それは、小さなことです。
　株式投資でとても大切なのはメンタル面（精神面）です。株式投資での失敗の多くは、冷静な判断ができなくなったときに起こると考えられるからです。少なくとも、私はそうです。よく、株式新聞だけ見て実際のお金を動かさずに、「私がもし株式投資をしていたら１００万円儲けている」などと言って喜んでいる人がいます。でも、それはあくまでも想像のことなのです。実際にはそううまくいきません。株式投資

で実際にお金を動かしたときにこそ、その人の真価が問われるからです。そこには、欲やあせりといったさまざまな感情が生まれ、冷静な判断ができなくなる可能性があるのです。実際、１日、市場の中に身を埋めていると、まず市場の流れを見失います。次第に、欲やあせりといったものも絡んできて、冷静な判断を続けることができなくなります。

　信用取引は、この株式投資で起こる欲とあせりをきれいになくす効果があるのです。これが、私の思う信用取引の最大のメリットです。例を挙げます。

　ある人が、ある株に注目しているとします。１００万円の株価です。その株がみるみるうちに１２０万円に上がりました。その人が思うことはきっとこんなことです。「あ〜、どうしようか迷っている間に、２０万円も上がってしまった。ちょっと前に買っておけば、２０万円も安く買えたのに〜〜」とか、「あ〜、決断が遅かった、早く買っておけば２０万円も儲かったのに〜。２０万円も損してしまった〜」。さらには、「早く買わないと、また上がってしまうかもしれない。ここで決断しなければ同じことだ」などと焦ってしまって、さっそくその株を購入します。

　ここで、少し考えてみてください。彼は、決して、２０万円を損したわけでも決断が遅かったわけでもないのです。

　そのとき、どちらに株価が動くか確信が持てなかったから、きっと買わなかったはずなのです。でも、大きく上昇してしまった——それも、たまたま上がった——株価を見て、自分の判断基準がすべて間違いだと思ってしまったのです。この後、彼は１２０万円で株を購入しました。よくある話で、そ

の１２０万円を高値に株価は下がっていきました。これでおしまい。

　これが、よくある株式投資に見られる失敗です。原因は、人間の欲とあせりです。金額は違いますが、私もかつてありました。苦い思い出です。

　ところが、ここで彼が信用取引を行っていれば、上のようなことは防げるのです。何度も言いますが、信用取引の大きなメリットは、そのシステム以上に、メンタル面で、とても大きな助けを個人の投資家に与えてくれることです。説明します。

　信用取引のメリットのひとつは、手持ちの資金を考えずに「値幅取りできる」ところにあります。信用取引の場合、資金にレバレッジが効いているため、株価をあまり気にせずに、その時点でまだ上昇余地があるのかどうかを冷静に判断できるためです。

　例えば、彼の持っている資産が１２０万円だとします。今後、株価が上がってしまえば、もう買えないわけです。ここに「今、買わないと買えなくなるかも」というあせりが生じるのです。

　しかし、信用取引なら違います。株価が１２０万円以上になっても、まだ取り引きできます。仮に、手持ちの１２０万円を委託保証金にするならば、委託保証金率を４０％とすると、３００万円まで取り引きできるのです。

　信用取引のすばらしさはさらに続きます。もし、１２０万円の時点で「この株は今が天井だ。ここからは下がるだろう」と判断できたならば、彼は「空売り」を行えるのです。株価

が下がったところで買い戻せば、損をするどころか、利益を得ることができるのです。

　まとめるとこうなります。もし、彼が信用取引をやっていて「値幅取り」という考え方と「空売り」という手段を持っていたならば、１２０万円の株価の時点で、その株がまだ上昇するのか、下落するのかを冷静に判断できます。上昇すると思えば、「買う」でしょうし、下落すると思えば、「売る（空売り）」でしょう。あわてずに「休む（様子を見る）」こともできるでしょう。

　信用取引のすばらしさは、いつでも、その株の価値を冷静に判断できるところにあります。冷静に判断することで、株価がどちらに動こうとも（上がっても、下がっても）利益を手にできる。ここに信用取引の本当のメリットがあるのです。

◆信用取引がこわいと言われる本当の理由（わけ）

　ここまで読んできても、まだ信用取引口座を開く決心のつかない方もいるかと思います。「曾祖父の遺言で、信用取引にだけは手を出すなと言われています」とか、「みんながあれほどこわいと言っているのだから、それだけの理由があるはずだ」とか……。そこで、ここではその信用取引がこわいといわれる本当の理由を説明していきます。

　先に、信用取引は「資金のレバレッジがきく」「売りから入る（空売り）ができる」という２つのメリットによって、個人投資家の最大の敵である「欲」と「あせり」を完璧に排除することができるとお話ししました。

では、これほどのメリットがありながら、何故、信用取引はこわいと言われるのでしょうか？

　理由はいくつかありますが、大きなものは「追証」でしょう。聞いたことがあるかもしれませんね。正式には、「追証」は「追加証拠金」と言います。これは、信用取引で買った株が大きく値下がり（または売った株が大きく値上がり）したときに生じます。「保証金になっているお金が足らないので、お金を追加してください」というものです。

　例えば、４０万円の資金（保証金）で１００万円の株券を買ったとします。この株が値上がりすればよいのですが、値が下がったときには保証金が足らなくなってきます。なぜなら、保証金から、含み損（ふくみぞん：まだ決済していない株が抱えている損失のこと。例えば、１００万円の株を買い８０万円に株価が下がったら、２０万円の含み損となります）の金額が差し引かれるからです。

　一般的に、保証金は４０％が基本になっています（証券会社によって多少異なります）。これが３０％を切ると、保証金として足らないお金（追加証拠金＝追証）を振り込むか、株券を決済しなくてはなりません。この４０％とか３０％というのを、委託保証金率といいます。これは、保証金を建て玉（たてぎょく：信用取引で買ったあるいは売ったときの値段）金額で割ったものです。

　例えば、４０万円の保証金で１００万円の株券を買うと、委託保証金率は「保証金÷建て玉＝４０万円÷１００万円＝０．４（４０％）」という計算になります。

　仮に、上記の株が１００万円から９０万円に下がってしま

った場合には、１０万円の評価損（含み損）が出ます。つまり１０万円損してます。損をしている場合、その損失は、保証金から差し引かれて計算されますから、このときの保証金率は「（４０万円－１０万円）÷１００万円＝０．３（３０％）」になります。

　信用取引では、保証金率が３０％を下回ると、４０％になるまで「追証」を振り込むか、株を決済しなくてはなりません。

　上記の場合は、もし３０％未満になったら、１０万円ほど「追証」として保証金に追加すれば決済しなくてもいいのです。

　ところで、この「追証」。防ぐ方法はないのかというと、そんなことはありません。もちろん、あります。とっても簡単なことです。

　どうしたらいいかというと、限度額いっぱいまで株を取引しなければいいのです。限度額の８割程度に抑えておけば、追証が生じることはまずありません。１００万円の株が買えるからといって、無理に１００万円の株を買う必要はないのです。保証金が４０万円だったら、８０万円までの株を買うようにしておけばいいのです。

　もうひとつ、信用取引がこわいと言われる理由に、「レバレッジをきかすのはいいのですが、きかせすぎる」があるように思います。それさえ守れば、信用取引は現物取引と変わりません。それどころか、前節で述べた通り、メリットのほうが大きいと私は考えています。

　ここまで、読んできて、「信用取引」に興味が湧きました

か。それならば、早速、信用取引の口座を開いてみてください。通常、10日から2週間で開設できるはずです。

　私はいくつかの証券会社の口座をもっていますが、これから株を始める人、信用取引を始める人にはイートレード証券お勧めします。買った株が画面に反映されるのが早いですし、初心者には使い勝手もいいです。手数料も現物取引より安いです。お勧めです。

◆信用取引を利用したよっしー流ペアトレード
　では、早速、信用取引の醍醐味、「空売り（信用売り）」をやってみましょう。これには、「乖離率（かいりりつ）」というものを使います。
　「乖離」とは、辞書でひくと「そむき、はなれること」とあります。では何にそむき、はなれるのでしょう。それは、「移動平均線」です。
　第6章第2節にもありますが、基本的に株価は移動平均線を基準に上下運動を繰り返していきます。不思議なことに、移動平均線から大きく離れた株価には「もとに戻ろう」とする力が自然に働きます。この"習性"を利用して「空売り」を仕掛けるのです。乖離率のランキングはいろいろな証券会社のＨＰやメルマガで公開されています。ちなみに、私がよく利用するのは、「ブルとベアのテクニカル日経225（http://ekubo.jp/yahoo/）」というＨＰです。
　ここのＨＰで発行されているメルマガには、5日移動平均線と25日移動平均線での乖離率がランキング表示されてい

ます。私の場合、スイングトレード（第5章で紹介）を行っていますので、基本的には短期の5日移動平均線の乖離率を見るのですが、長期の25日平均線での乖離率でも、ランキングが高ければ、下落する確率はさらに高くなると思います（乖離率は5％以上で買われ過ぎと判断されます）。

さらに、RSIやストキャスティクス（Fast Stoch）も調べます。買うときの判断基準の逆を見るわけです。

RSIは80％以上が理想です。銘柄によっては、RSIが80％を超えるとすぐに反転するものもあります。しばらく停滞してから反転するものもあります。過去の株価の動きとRSIの動きの特徴をよくとらえ、「今、株価は下落しようとしているのか、それとも、まだ伸びていこうとしているのか」を見極めてください。

出来高も参考にしましょう。一般的に、出来高は株価に先行します。ですから、出来高が落ち始めていたら下落のサインとみなします。

ストキャスティクスは、％Dが天井につき、％Kを上から突き抜ける直前の形が理想です。

すべての条件がそろうことはなかなかありませんが、株価の特徴と最近の傾向を見て、空売りを仕掛けるタイミングかどうかを判断しましょう。

なお、「空売り」の利益確定はすばやく行ってください。上がっている株は利益確定の反落があった後、またすぐに上昇することも多いからです。1.4％以上のキャピタルゲインが出たらすぐに買い戻しましょう。ちなみに、この1.4％という数字は私の経験則から得たものです。

私はこの空売り（信用売り）もスイングトレードとして、行います。ですから、週末に「買う銘柄」と「売る（空売りする）銘柄」を選んで、週始めに売買します。

　日中に、天変地異や株式市場全体をゆるがす大きな事件があって、市場全体が大きく下落しても、ひとつの銘柄に空売りを仕掛けているので安心です。もちろん買った株も下がっているでしょうが、高騰していた株の下落のほうが大きいのです。

　予期できないことがあっても、安心してサラリーマンをしていられる。そんなために、買いと売りを同時にやっておくと安心です。

　「ペアトレード」という言葉があります。これは、同じ業種株で、上がりそうな株を買い、下がりそうな株を売るという手法です。そのことで、業種全体がどちらに動いても、大きく損をしないというリスクヘッジの方法です。

　私が行っているのは、同じ業種ではありません。ただ「これから上がるだろう株、これから下がるだろう株」を選んで、同時に買いと売りを仕掛けているだけです。ですから、厳密には「ペアトレード」とは呼ばないかもしれません。でも、リスクが減ればよいのです。

　もちろん、この「空売り」の方法もいつもうまくいくとは限りません。予想に反して、押し目がなく上昇し続けることもあります。そのときは、迷わず損切りをしてください。

　全勝する必要はないのです。「トータルで勝つ」。この考え方を忘れないでください。

第4節 素材関連企業の在庫循環に投資して不況下の株高を狙う

1　在庫循環とは

　企業活動が続く限り在庫の増減は生じます。この在庫の増減の周期を在庫循環といいます。特に、素材関連企業の場合、在庫が減っていくにつれ、業績が伸びるという期待感が生まれ、株価が上がっていきます。反対に、在庫が増えていくと業績が下がるという不安が生じて、株価が下がっていきます。単なる在庫の増加によって株価が下がるわけですから、安い値で株が買えるという意味で、在庫が増えている（＝株価が下がっている）ときは、「買い」を検討している人にとっては「投資のチャンス」と言えるのです。

2　在庫循環投資のメリット

　成長株を見つけるのは難しいと読者の皆さんも実感されていると思います。しかし、在庫循環株は探すのも難しくなく、うまくタイミングを合わせて売買していけば、成長株に投資するのと同じくらいのパフォーマンスを得られます。例を示しましょう。

例）シリコンサイクル（集積回路生産前年比）

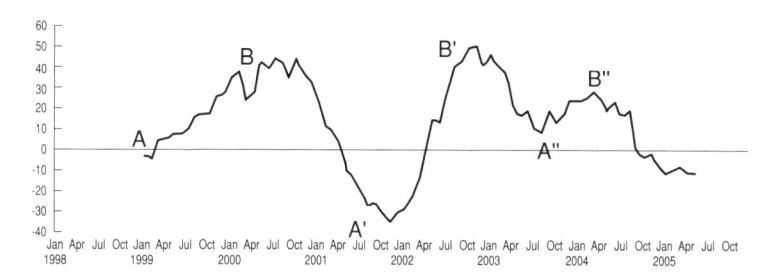

①：A点で買ってB点で売る。
②：①で得た利益をすべてA'点で買うのに振り向けてB'点で再び売る。
③：②で得た利益をすべてA"点で買うのに振り向けてB"点で再び売る。

　①〜③の売買を繰り返せば株式資産増加の倍倍ゲームも夢ではありません。そのためにも得た利益は無駄遣いせず、再投資に振り向けようではありませんか！
　さらに、信用取引を組み合わせれば……。

①'：A点で信用買いしてB点で売る
②'：B点で空売りしてA'点で買い戻す
③'：再びA'点で信用買いをして...

と、投資のチャンスが広がります。特に、半導体需給のサイクルは割と読みやすいので信用取引を仕掛けやすく、さらなる倍倍ゲームも可能になります。これこそが、在庫循環投資の醍醐味なのです。

3　半導体関連株在庫循環投資

 約2年周期で繰り返される、わかりやすい循環です。波の振幅も大きく、これに合わせて株価を大きく上下させる銘柄も多いため投資のチャンスも増える投資法と言えます（40ページから42ページを参照してください）。
 先にもお話ししましたが、ハイテク株と呼ばれる電機株、半導体関連株はシリコンサイクルと呼ばれる2年周期の需給の緩急によって決まります。循環株です。そのことを忘れずに仕掛けるべきです。
 第1章で紹介した「生産・出荷・在庫指数速報」の"集積回路"または電気部品の在庫循環モメンタムのグラフ等を作成し、かつ時系列グラフも作成して判断してください。

4　鉄鋼株在庫循環投資＆ガラス株在庫循環投資

 半導体よりもゆっくりとした周期で循環します。乗り遅れることの少ない"ある意味"とても手軽な投資対象だと思います（私も何度も儲けさせていただきました）。
 26ページで紹介したホームページからダウンロードしたファイルの「鉄鋼業」の月ごとの数字をコピーしてグラフを作成し、次ページのように実際の株価チャートに重ね合わせました。

現在の日時:6月27日 21:44 -- 日本の証券市場は終了しました。

新日本製鐵(株)(東証1部5401) - 関連情報 ニュース・企業情報・掲示板・レポート(リサーチ)				
取引値 15:00 255	前日比 -5 (-1.92%)	前日終値 260	出来高 32,716,000	時価総額 1,735,780百万円
始値 256	高値 257	安値 253	売気配 ---	買気配 ---	発行済株式数 6,806,980,977株
配当利回り 1.96%	1株配当 5.00円	株価収益率 (連) 7.79倍	1株利益 (連) 32.73円	純資産倍率 (連) 1.45倍	1株株主資本 (連) 176.21円
株主資本比率 (連) 30.7%	株主資本利益率 (連) 20.74%	総資産利益率 (連) 5.82%	調整1株益 32.73円	決算年月 2005年3月	単元株数 1,000株

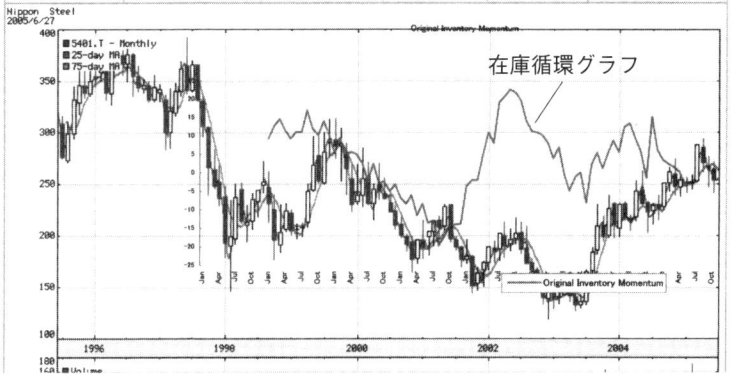

在庫循環グラフ

ヤフーファイナンスより引用

さて、今度はガラス株を見ていこうと思います。26ページで紹介したホームページからダウンロードしたファイルの「ガラス・同製品」の月ごとの数字をコピーしてグラフを作成し、次ページのように実際の株価チャートに重ね合わせました。

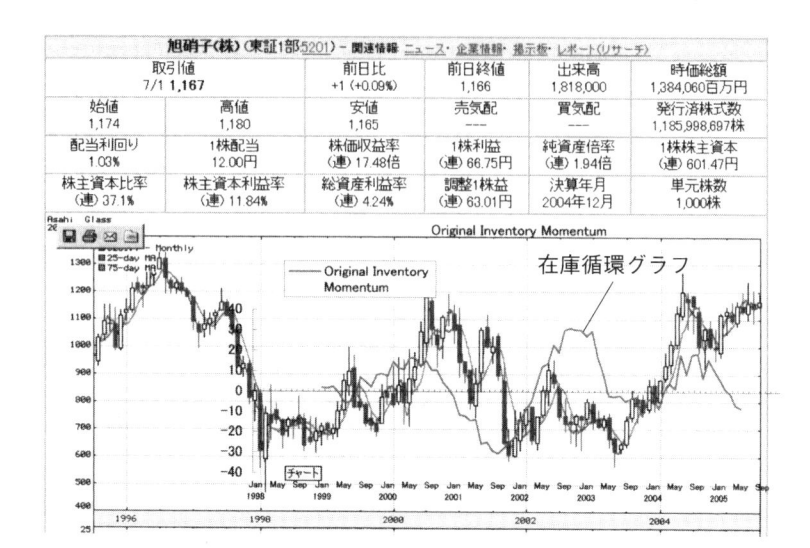

ヤフーファイナンスより引用

　いかがですか。鉄鋼株もガラス株も完全にピッタリとはいかないまでも周期のトレンドが合っていることにお気づきかと思います。この作成したグラフの底と天井の見極めさえつけば投資タイミングを外すことはないと思います。先のシリコンサイクルと一緒ですね。

第5節 勇気をもって赤字の景気敏感株を買う

1　ロバートスタンスキー氏の言葉

「ひとつは見つけるのがすごく難しいけど10年成長する企業の株を買うこと。もうひとつ、簡単なのが勇気をもって不況のときに赤字を出した景気敏感（シクリカル）株を買うことです」。

　"この言葉"は、かのピーターリンチ氏が勤めたこともあるマゼランファンド6代目ファンドマネジャーのロバート・スタンスキー氏が話したものです。「赤字の銘柄には手を出したくない」のが普通の心理ですが、その逆をついて、あえて赤字銘柄を狙うところが肝です。

　不況下の赤字会社というのは底値で放置されている場合が多く、そのぶん、景気が上向いたときの株価上昇でかなりの利益が出せるのです。しかも、探すのにそんなに努力がいらないというおまけつきです。ちなみに、アメリカで株で財を成した人の大半はこの方法を用いています。ある意味、スタンダードな投資法と言えるでしょう。

　また、参考文献で紹介する遠藤四郎氏は個人投資家でありながら、不況のときに赤字銘柄の株式を買って、好況時、株価が上昇したところで売却することを繰り返して15万円からなんと30億円もの資産を築かれた方です。

2 不況下の赤字企業をあえて買う

景気に業績が敏感に反応する不況下の素材セクターによく見られます。要するに底値買いを狙うわけです。なお、以下の注意点には気をつけてください。

※注意1：スクリーニング対象企業群として素材や機械等の工業系の景気敏感セクターを選んでください。
※注意2：「利益率や効率性を見るランキング」機能を用いてさらなるスクリーニングをかけますので、セクター別にスクリーニングが終了したらセクター別にグループを作成（CD─ROM版会社四季報の機能にあります）してください。

（1）買いどきを探る

景気の転換点を探ります。具体的には、前に紹介した経済指標（国内企業物価指数と鉱工業生産の在庫指数など）を使って買いどきを見極めます。以下の条件をCD─ROM版会社四季報に入力して

項目	スクリーニング式	解説
△赤字企業をさがす	前期純利益＜0	
△財務的割安度（PBR）	（株価）／（1株当り株主資産）＜1	
△業績回復の可能性	今期予想純利益／前期純利益＜0 来期予想純利益－今期予想純利益＞0 今期予想売上高－前期売上高＞0 来期予想売上高－今期予想売上高＞0	素材株の場合これらよりもむしろ前節の景気の転換点の見極めが大事かと思います。場合によっては不要かもしれません
△一回の売買に使える金額	株価×売買単位株数＜あまり大きくない金額（読者の資産状況に応じる）	売買の戦術に柔軟性を持たせるため

スクリーニングをかけてください。その後、グループ機能を用いて、グループを作成してください。

(2) さらなるスクリーニング

(1)で抽出したグループから銘柄を選択するとき、CD—ROM版会社四季報のランキング機能を用いて上昇の可能性を探ります。以下のすべての項目のランキングで上位にくる銘柄をお勧めします。

> 【利益率や効率性を見るランキング】
> ・総資産売上回転率(連結)
> ・一人当たり売上高(連結)

(3) スクリーニングの後で

スクリーニングが完了した後は、以下の項目をチェックしてください。

> ◎売却可能な余裕資産の有無をチェック(有価証券報告書やバランスシートを見て判断。累積損失一掃の可能性を探るため)。
> ※ 有価証券報告書は企業によっては各企業のホームページで入手可能です。
> ※ 固定資産、特に土地の価格はバランスシート上に簿価で載せられている場合があります。企業によっては、昭和初期や大正時代での取得価格がそのまま載せられている場合もあります。つまり、現在の価値(=路線価格)に直すと、とんでもない価格になる場合があるのです。この価格のギャップ

> を含み資産とみなして投資チャンスとする投資法もあります。参考文献で紹介する遠藤四郎氏が得意とする手法です。
>
> ◎在庫循環を見て、ある特定の素材(製品)の在庫循環が底または上昇基調にきたときに買うタイミングを決めます。

スクリーニングにはありませんが、素材株は在庫が減る＝業績が良くなるという期待が働くために不況下でも株価が上昇するときがあります。先に書いた素材別の在庫循環モメンタムのグラフ（鉄鋼株＆ガラス株の項目を参照）をぜひ作ってみてください。そのときには株価のチャートも見て、上記グラフと一致しているかチェックしてください（さすがにピッタリと一致していることはないですが）。もしかしたら、投資のチャンスが見えてくるかもしれません。

4）格付速報でチェック

粉飾決算はないか、資金繰りなどの銘柄ごとの情報が掲載されていますので、ぜひチェックしてみてください。

第4章
いつ頃買うべきか

　株式投資は銘柄選びと投資タイミングの良し悪しがすべてといっても過言ではありません。この章ではタイミングについてのノウハウを記したいと思います。

第1節 騰落レシオを利用する

　特に日経平均に連動して株価が動く銘柄に対していえるのですが、株価の上から下、下から上への反転は経験則的に下に記す騰落レシオに沿います。

騰落レシオ（％）＝１００×（２５日ぶんの上昇銘柄のべ数）÷（２５日分の下落銘柄のべ数）

　以上の値が６０～７０％台に落ちたときが買い時の目安でしょう（この値を境に日経平均は上昇へと反転することが多いです）。逆に１２０％台になると過熱感が出てくるので売りを考えるべきでしょう（当然日経平均は下落へと反転します）。
　ちなみに、騰落率はマネックス・ビーンズＨＤのメールマガジンに載っています。

日経平均１年チャート

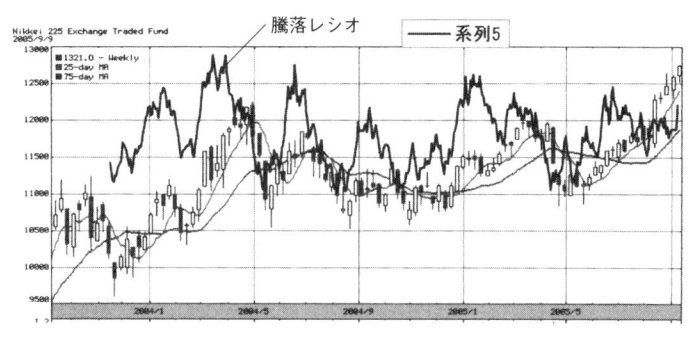

ヤフーファイナンスより引用

第2節 季節要因を利用する

　国内外の機関投資家の決算月に税金対策の益出、損切りの売りが集中して株式相場が一時的に低迷することがあります。具体的に言うと、騰落レシオ（本章第1節参照）が７０％台以下になるときがあります。そのときが買いのチャンスです。実際、私も、この季節要因を利用して、わずか数ヶ月で株式資産を２０％増やしたことがあります。参考までに決算月の表を添付します。

国内外の機関投資家の決算月

	決算月を迎える投資家	売買判断
１月		売り
２月		売り
３月	国内個人投資家（税金）・国内機関投資家・国内証券会社	買い
４月		売り
５月	外国籍（欧州系）機関投資家・証券会社中間決算	買い
６月	外国籍（米系）機関投資家・証券会社中間決算	
７月		様子見
８月		
９月	国内機関投資家・国内証券会社中間決算	買い
１０月		
１１月	外国籍（欧州系）機関投資家・証券会社決算	
１２月	外国籍（米系）機関投資家・証券会社決算	

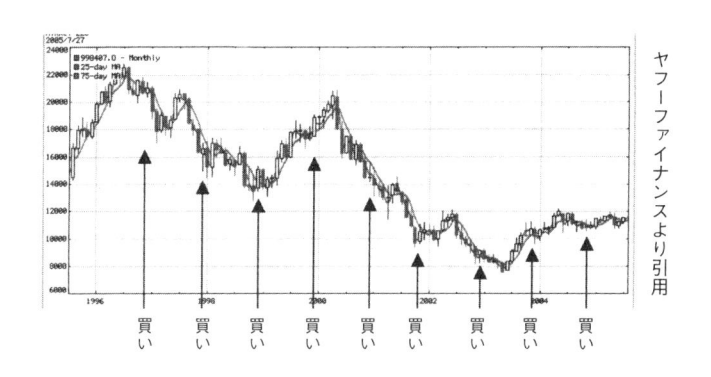

ヤフーファイナンスより引用

第3節 32ケ月サイクルを利用する

　第1章でもお話ししたように、若林栄四氏が発見したサイクルです。日本だけでなく途上国でよく見られるサイクルです。約32ヶ月ごとになぜかカクンと下がるサイクルです。

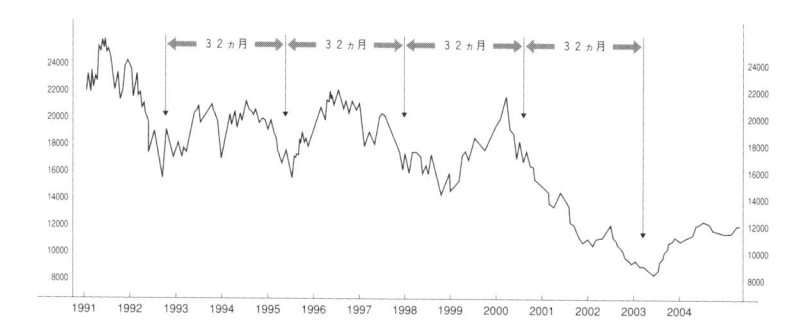

毎冬に上がる銘柄

　これから紹介する銘柄は毎年１２月ごろカクンと下がってまた上昇するという奇妙なクセがあります。そこを狙って投資するのは意外と確実に利益を手にできる方法かもしれません。いくつか載せましたが、ほかにもあるかもしれませんので会社四季報などで探してみてはいかがでしょうか。

日本製麻（３３０６）

ヤフーファイナンスより引用

戸田工業（４１００）

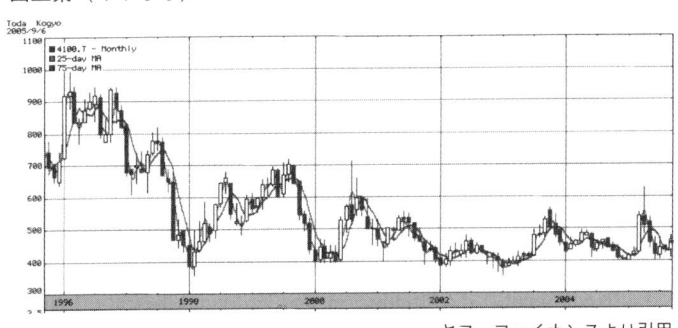

ヤフーファイナンスより引用

三菱樹脂（4213）

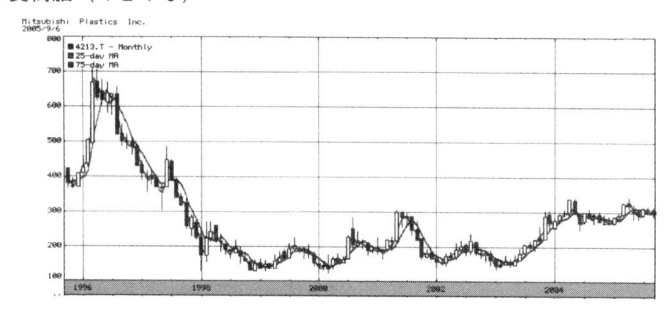

日本山村硝子（5210）

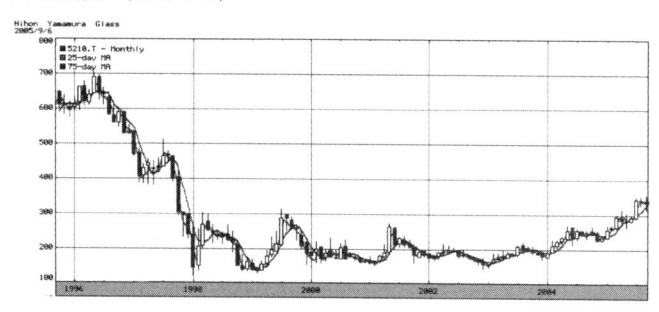

住友軽金属（5738）

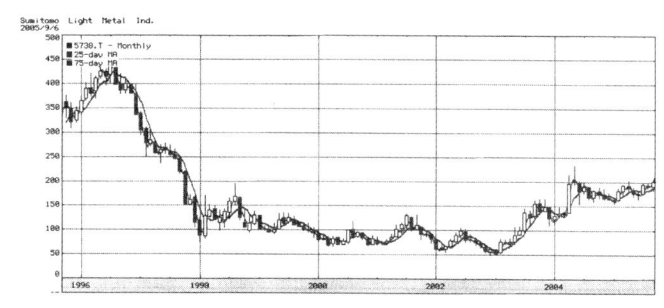

以上、すべてヤフーファイナンスより引用

日精樹脂工業（６２９３）

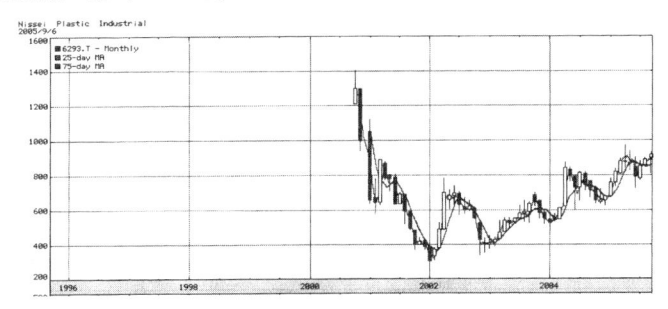

フーファイナンスより引用

ほかにも、以下の企業があります。

日立機電工業（６３５４）
椿本チェイン（６３７１）
岩崎電気（６９２４）
マツダ（７２６１）
ジョイス（８０８０）
ゼット（８１３５）
カナモト（９６７８）
CEC（９６９２）
近畿日本ツーリスト（９７２６）
トラスコ中山（９８３０）

ＩＰＯの裏技

　ＩＰＯの公募に当たらなくて残念な気分をさせられた方も多いと思います。でも大丈夫です。もうひとつ、ＩＰＯで儲ける方法があります。毎年、９月から１２月ごろ株式相場は閑散としていますので、そのころにＩＰＯされた銘柄を買うのです。上昇したときに（早ければ翌年の１月ごろ？）利益確定のチャンスが巡ってきます。

　以下に２００４年の１０月から１２月にＩＰＯされた一部の銘柄のチャートを載せますのでぜひ確認してみてください（以下のチャートの出典はすべて東洋経済新報社のＣＤ―ＲＯＭ版会社四季報です）。１２月から１月にかけて急激に上げている銘柄が多いことに気づくと思います。

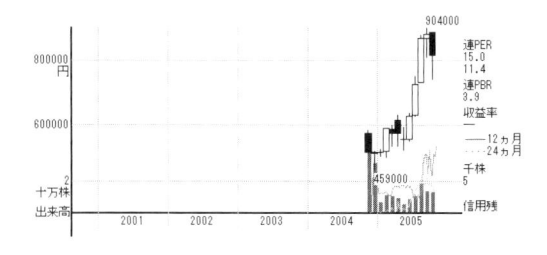

国際石油開発(株)
（１６０４）

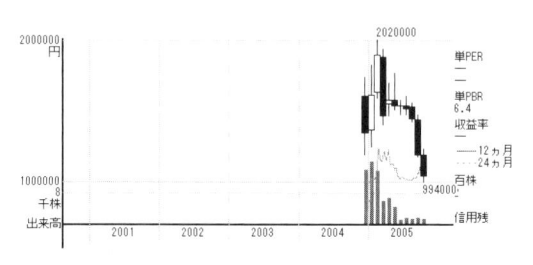

(株)省電舎
（１７１１）

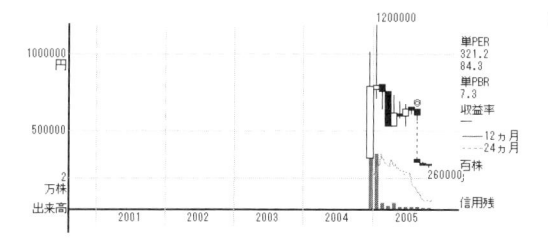

(株)ダイセキ環境ソリューション
（１７１２）

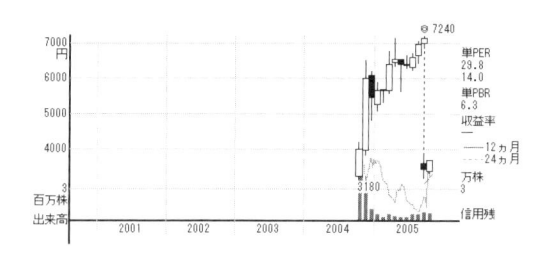

ユニ・チャーム
ペットケア(株)
（２０５９）

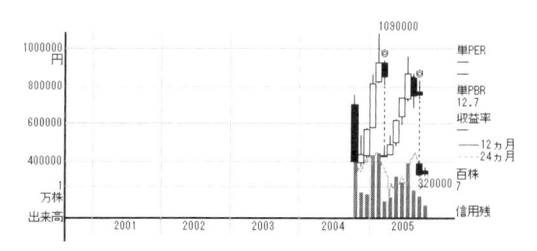

(株)キャリアデザインセンター
（２４１０）

ヒューマンホールディングス(株)
（２４１５）

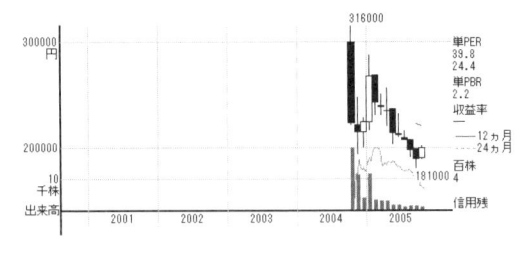

(株)ローソンチケット
(2416)

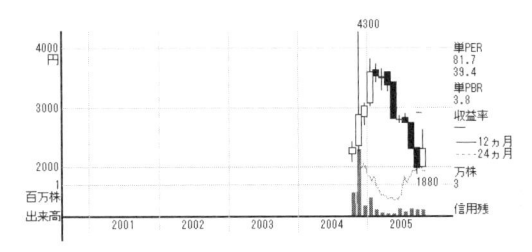

(株)ツヴァイ
(2417)

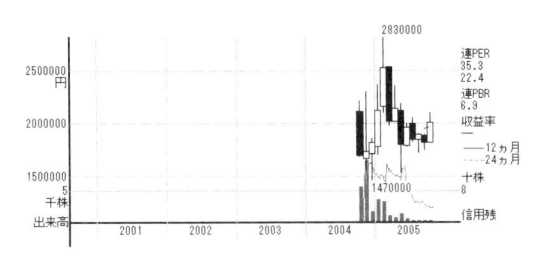

(株)ベストブライダル
(2418)

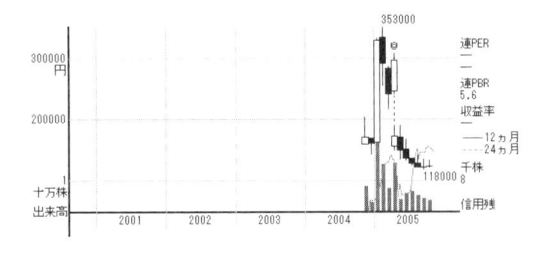

(株)CHINTAI
(2420)

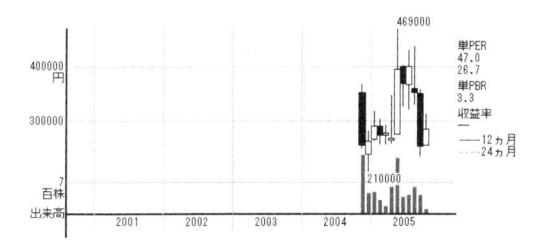

(株)ジェイエムネット
(２４２３)

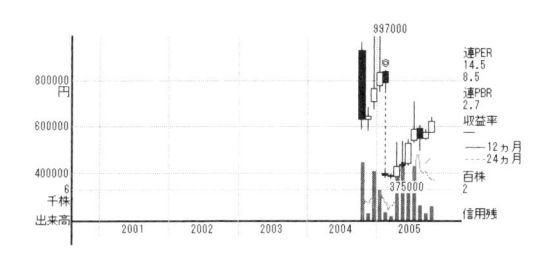

(株)ワンダーコーポレーション
(３３４４)

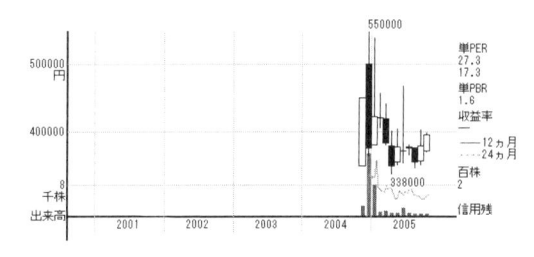

(株)メディカル一光
(３３５３)

ほかにもこんな銘柄がありますので調べてみてはいかがでしょうか

２４１９　日本ＥＲＩ(株)
２４２１　(株)ユニマットクリーンライフ
２４２５　(株)ケアサービス

また、以下のCD－ROM版会社四季報のスクリーニング条件式でも抽出できます。

条件式名	条件式内容	演算子	条件値
[上場年月]	[上場年月]	<=	２００４１２ （２００５年の１２月なら２００５１２となります）
[上場年月]	[上場年月]	>=	２００４１０

ＰＢＲとＰＥＲのはなし

１）PBR
ＰＢＲ＝株価÷１株当たり株主資産（Price Book Ratio）

　会社を立ち上げるときには、投資家から投資を募ってお金を集めて資産を作ります。事業を続けていくうちに利益が蓄積されて資産は増えていきます。逆に赤字になれば減っていきます。こうして増えたり減ったりした資産を株主資産といいます。
　例えば、１株当たり株主資産１０００円の株が８００円で市場で流通されていたりするとお買い得なわけです。ただ、注意すべき点もあります。

　１；企業の持っている土地、証券類などの資産の価値が実は低い場合（含み損と呼びます）
　　この場合、実際の値は会社四季報等に公表されている１株当たり株主資産の値より低くなります。

　２；企業の将来性が低いと評価されているとき
　　赤字で将来１株当たり株主資産１０００円が８００円になるだろうと評価されている場合などが当てはまります。

２）PER
ＰＥＲ＝株価÷１株当たり利益（Price Earnings Ratio）

１株当たり利益というのは１年当たりの利益から算出されるものですから、株価を１株当たり利益で割ることによって、これからその会社がこれから先何年利益を得られるかを一般的に判断します。

　ですから、ＰＥＲが高い銘柄は割高といって敬遠される傾向があります。ただ、先に紹介したシリコンサイクルが底のときは株価以上に１株当たり利益が早く小さくなる場合があります（＝ＰＥＲが大きくなる場合があります）。つまり、ＰＥＲが大きくなったとき、お買いどきの場合があるのです。また、１株当たり利益がマイナス、つまり赤字の場合もあるのでＰＥＲがマイナスのときもお買いどきの場合があるのです。

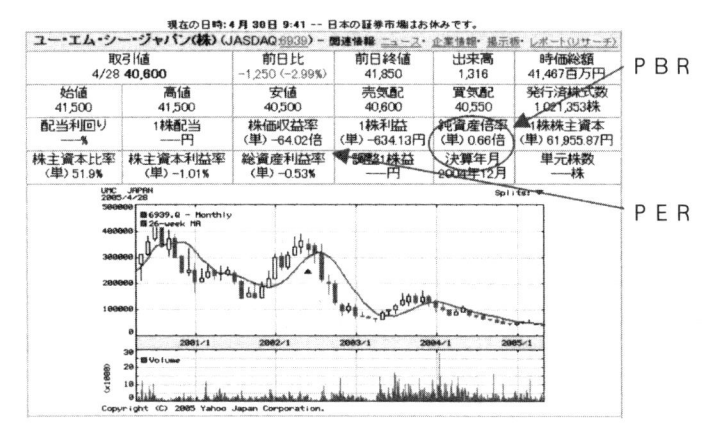

◎この値が小さければ小さいほど割安です（お買い得です）。
◎普通この値が小さいと割安と判断されますがシリコンサイクルが底のときはこの値が大きい、またはマイナスのほうがかえって良い場合があります。

第5章
コツコツ儲けるための運用方法 その1
【よっしーのスイングトレード編】

　この章ではコツコツと利益を出すための運用方法のひとつとしてスイングトレードを述べていきたいと思います。

　スイングトレードはデイトレードのできない日中働いているサラリーマンでも資産を短期間で増やせる投資スタイルです。また、数日で取引を完了させることでリスクヘッジにもなります。

第1節　株式投資のポイント
　　　～スイングトレードのすすめ～

　本章を担当するよっしーと申します。私はネット上で、「金持ち父さんもビックリの株式投資！」というサイトを運営しております。当時はあまり知られていなかった「分割株」を活用し、資産を1年で6倍に増やしました。

> 『金持ち父さんもビックリの株式投資！』
> http://www2.odn.ne.jp/~has02380/

　世を忍ぶ借りの姿として、日中は普通のサラリーマンをしております。結婚もしていて、子供もひとりいます。ですから、場中は株式の取引はしません。タイムリーな情報を得てのデイトレードもできません。私が行っているのは、もっぱらスイングトレードです。スイングトレードというのは、だいたい1～2週間で売買を完結する株式取引のことを言います。

　現在は、猫も杓子も株式分割を行っていて、本当の意味での株式分割株が少なくなり、分割株で利益を得ることは難しくなってきています。

　そこで、あなたに紹介したいのが、私が実践しているスイングトレードなのです。地味ですが、確実に資産を増やしてくれます。資金も30万ほどですみます。月に4万程度、年間で160％の利益率です。

　これは、株式投資の世界では驚くに値しないかもしれません。しかし、ゼロ金利と呼ばれるこの不況の社会の中では、この数字は大きな意味を持つと考えます。

ちなみに、今の銀行の金利で元金を倍にするには、ざっと２０００年かかるそうです。キリスト誕生から預金を始めて……なんて考えると、気が遠くなるというよりも、一種のおかしみが沸いてきます。
　「銀行に預ける」選択は、金銭価値の目減りを考えれば、マイナスにもなるわけです。自分の資産を守るためにも、これからは、いろいろな運用手法がメジャーになっていってほしいと思っています。そのなかの一手段として、今回の株式投資(スイングトレード)を検討してみてください。

●

　さて、今はネット証券全盛の時代で、自宅にいながらにして、信じられないような少額の手数料で株式取引できます。証券会社の窓口に行ったり、電話で証券マンにお願いした対面取引の時代には、一度の取引に数万円の手数料がかかりました。しかも、個人の投資家に伝えられるのは、証券マンからの情報くらいしかありませんでした。昔に比べたら、タイムリーに秒刻みの株価情報を見ることのできる現状は夢のようです。
　しかし、私たちサラリーマンは、デイトレーダーのように場中ずっと画面の前で取引をする時間も資金力もありません。
　また、長期投資に目を向けてみても、これだけ不安定な社会状況を考えると疑問符がつきます。リスクも不安も大きく、以前のように資産株となる銘柄も少なくなっていますから……。
　以上のことを考えると、スイングトレードは私たち個人投資家でも比較的スムーズに勝率を上げられる株式投資の手法のひとつではないかと思うのです。

●

　さて、どんなに時代が変わろうとも、株式投資の基本は変わりません。株式投資のポイントは、次の３つです。

1　何を買うか（銘柄選び）
2　いつ買うか（買うタイミング）
3　いつ売るか（売るタイミング）

　極論を言えば、上記の3つのポイントさえ正しければ、小学生でもパソコンの画面の前で、クリックするだけで利益を上げることができるわけです。
　3つのポイントを押さえながら、システマチックに取引をしてください。そうすれば、楽しみながら資産を増やしていけると思います。

第2節 これから株式投資を始める人のために

準備として、次のどちらかを購入してください。

● 会社四季報
● 日経会社情報

これは、上場会社の辞書みたいなものです。TVを見ていて気になるCMがあったら、スポンサーを調べて、四季報や会社情報をみてください。思わぬお宝銘柄が見つかるかもしれません。双方とも、年間4回発行されます。私は、好んで日経会社情報を使っています。四季報よりレイアウトが見やすいというただそれだけの理由です。内容は一緒です。

株の入門書としては、『株・投資信託・外貨預金がわかる基礎の基礎講座』（細野真宏著 / 講談社刊）がお勧めです。「キャピタルゲイン」「ポートフォリオ」などの用語をはじめとして、株式投資の基本的な考え方がわかりやすく書かれていて、とても参考になります。

例えば、分散投資については、「１０個の玉子を１つの入れものに入れておくと、その入れものを落としてしまえばイッキに全部が割れてしまう、というリスク（＝危険度）があるけれど、ひとつずつ別の入れものに入れておけば、仮にひとつの入れものを落としたとしても残り9個の玉子は割れずにすむ」と説明しています。

『株式投資これができれば百発百中』(小山 哲 著　すばる舎刊)もお勧めです。基本的なテクニカルトレードについての知識はこの１冊で身につきます。

私が株式投資を始めた当初は、私のまわりには株式投資をやっている人は、誰もいませんでした。ですから、私の知識はすべて本から得たものです。株式投資の本は入門書を含め、３０冊ほど読みました。半分は新刊を、半分は古本を。ちなみに、古本はブックオフで買いました。なぜブックオフで買ったかというと、安かったからです（笑）。

　しかし、古い本を買ったことで思わぬ拾いものがありました。古い本の中にも、そのアナリストが推奨する「お奨め銘柄」が掲載されていました。古本ですと、そのアナリストの言ったことの結果がすでに出ていて、そのアナリストの言っていたことが正しかったのかどうかがわかるのです。

　そのひとつひとつの銘柄を「このアナリストが言っていたことは正しい」とか、「間違っている」とかを検証しながら、いろいろな手法や指標を学んでいきました。そして、その中で「信頼がおける」と感じたアナリストが出している新刊の本を買ってきてはまた勉強をしました。

　３０冊の本の中に載っていた、いろいろなテクニカル指標も試しました。その中で、市場の状況に左右されにくく、役に立つテクニカル指標も見つけました（後ほど記述します）。今はやさしく書かれた入門書が多く出ていますので、メジャーな本を１～２冊読んで株式投資の用語と基礎を学ぶといいと思います。

　株式投資は、正しい知識と経験を積み重ねていけば、「リスクを減らし、リターンを増やしていける」ものです。最初に基本的な知識をしっかりと身につけることをお勧めします。

第3節　ポートフォリオの作り方

　昔は、実際に株券を証券会社とやりとりしてました。株券は紙ばさみでまとめられていたそうです。ポートフォリオとはその紙ばさみのこと。その名残から、自分が持っている株の銘柄群をまとめたものをポートフォリオといいます。

　銘柄を選んだからといって、すぐにそれを買うわけではありません。とりあえず、ポートフォリオにストックしておいて、買うタイミングを待つわけです。

　さて、この節では、そのポートフォリオの作り方をお伝えします。各証券会社でも、ポートフォリオは作れますが、ここではヤフージャパンのHPを利用してみます。

1、ヤフージャパンHPから、ヤフーファイナンスをクリック。
2、ヤフーファイナンス左上「ポートフォリオ（気になる銘柄の動向をチェック！）の［登録／ログイン］をクリック。［Yahoo! Japan ID］と「パスワード」を入れます。IDとパスワードがない人は、ヤフージャパンで登録（もちろん無料）。
3、左上、ポートフォリオの「新規作成」をクリック。
4、ポートフォリオ名を決めます。　例）「よっしーのお気に入り銘柄」など。
5、左下の空欄に、「証券番号、ドット、市場」の順で入れます。例えば、ライブドアであれば、［4753.T］と記入します。必ず、半角英数字で記入。複数銘柄を記入するときは、銘柄と銘柄の間に、必ずスペースを空けること。市場は、東証であれば「T」。ジャスダックであれば「Q」と決まっています。

マザーズは東証なので「T」となります。

キャッシュフローゲームとは？

キャッシュフローゲームをご存知ですか？
ベストセラー『金持ち父さん貧乏父さん』シリーズの著者であるロバート・キヨサキの考案した経済のシミュレーションゲームです。『金持ち父さん　貧乏父さん』の本は、今までの経済観念を覆す画期的な本です。

そして、【キャッシュフローゲーム】は遊びながら、その古い経済観念を変えることのできるすばらしいボードゲームです。

今、多くの教育機関がこのボードゲームに着目しています。ボード上には、中央に小さな円があります。それは、中流以下の人々が住むラットレースと呼ばれる世界です。そのまわりをぐるりと取り巻いているのが、経済的自由を手に入れ、自分の夢を追い求めるお金持ちの世界（ファーストトラック）です。

このボードゲームの2つの世界は、まさに世の縮図だと感じます。あらゆる経済的手段を利用して、ラットレースから抜け出すのが、このゲームの第一の目標です。株式投資、不動産投資、フランチャイズビジネス……etc.

『金持ち父さん　貧乏父さん』の書籍を読み、キャッシュフローゲームをプレイすれば、きっと今まで見えてなかった世界が見えてきます。

そして、その切り替わった思考で、実際の人生に取り組んでいけば、必ず大きな収穫が得られることと思います。

実際、私は、このボードゲームから、多くのことを学びました。株式投資を始めたのも、日本ではメジャーでなかった「株式分割」という言葉を知ったのも、このゲームの初級編１０１がきっかけです。上級編の２０２では、株の信用取引を学び、実際に信用口座を開きました。
　それを契機にして、書籍を調べ、自分で研究し、株式投資を真剣に始めました。何事もきっかけだと思います。そして、その後に自分で研究を重ねてみてください。
　『キャッシュフローゲーム会』も全国で開催されているので、お近くの開催場所で参加してみてはどうでしょうか。

第4節　銘柄選び

　さて、いよいよ銘柄選びです。何を買うかを決めないと、いつ買うかも決められません。

　市場はジャスダック、ヘラクレス、マザーズなどから選ぶといいでしょう。いわゆる新興市場と呼ばれるところです。

　何故かというと、東証１部の多くでは、（会社も大きく安定しているので）短期での値動きが少ないのです。スイングトレードはわずか１～２週間で取引を完了するので、値動きがなかった場合、手数料ばかりがかかってしまい無意味に終わるのです。

　気になる銘柄選びの材料についてお話ししましょう。第１章で説明したような景気予測を参考にするのはもちろんですが、それだけに縛られることはありません。材料はどこにでもあります。まずＴＶ。ＣＭやニュースなど、気になる商品やサービスがあれば、スポンサー会社を四季報や日経会社情報で探します。そして、４桁の証券番号をヤフーファイナンスのＨＰに打ち込んで、チャートの形を見ます。チャートの形が右肩上がり（上昇トレンド）ならポートフォリオに入れておきます。

　雑誌の推奨銘柄も調べます。雑誌『ＺＡｉ』の袋とじになっている推奨銘柄はなかなかお奨めです。３ヶ月で２０％の利益を目指しているらしいです。実際、７割ほど達成しているようです。中でも、「市ヶ谷のヒットマン」と呼ばれる中村孝也さんの推奨銘柄はかなりの確率で上昇します。

　もちろん、雑誌で推奨されているからといって、それをすぐに買うわけではないのです。とりあえず、様子を見るためにポートフォリオに入れます。そして、じっとチャンス（買うタイミング）が来

るのを待ちます。

　『株式新聞』などもよく読みます。これはキヨスクなどで売っています。日経新聞などと違い、「これを買え！」的な新聞で非常にストレートです。その推奨銘柄群も、チャートを調べて、上昇トレンドならポートフォリオ（自分の場合は「よっしーのお気に入り銘柄」）に入れます。

　ヤフーファイナンスの中には、各銘柄ごとに掲示板があります。これは、株主、株主でないにかかわらず、それぞれが勝手なことを語っている掲示板です。

　例えば、最近何かと話題を集めているライブドアの掲示板。そこには、買収劇のてんまつについての感想やら、ホリエモンへの意見やらが書かれています。その中に、たまにほかの銘柄を推奨する輩が出てくるのです。「推奨銘柄○○○証券番号××××高騰必至！」という具合にです。このような銘柄も一応調べてみます。掲示板で騒がれているということは、それなりに注目されているということ、注目されるということは出来高（売買する人の数）も高く、売買が成立しやすいことにつながるからです。さらに……。注目されている株というのは、値動きも軽やかで、スイングトレードには向いているのです。

　いろいろなメディアから情報を得て、その中で1年チャートが右肩上がりの銘柄群を探し出します。

　上昇気流のポートフォリオが、これでできたことと思います。これで準備完了です。

ヤフーファイナンスより引用

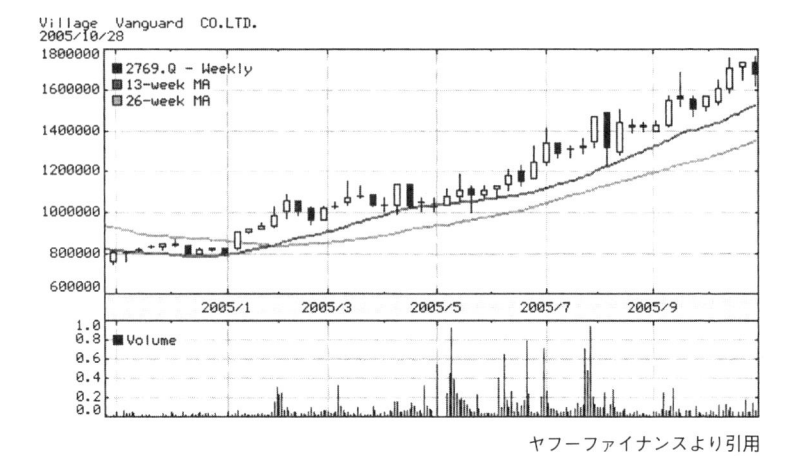

↑「右肩上がりの上昇トレンド銘柄を探そう！」
上記は、(株) ヴィレッジヴァンガードコーポレーション（ジャスダック 2769）の１年チャート（2005/10/28）。

第5節 何故、トレードで利益が出ないのか

　株式の売買委託手数料が自由化になって数年経ちます。また、ネット証券の登場により、株式投資の敷居もぐっと下がり、主婦なども参戦してくるようになりました。でも、多くの方が資産をすり減らし、株式市場から去っているのも事実です。実際、私の出会う人たちの中にも株式投資をやる人は結構増えてきました。ただ、結果を出している人はあまりいないようです。

　何故、株式トレードで利益が出ないのでしょう。それは、「勝率の考え方」をきちんと理解していないからでしょう。

　多くの方が、得をしようとして銘柄を選んでいます。テクニカルやファンダメンタルなど、いろいろなことを考えたうえで銘柄を決め、投資をしています。だから、確率的にはみんな良い銘柄を選んでいるわけです。

　ここに「4勝1敗」の投資家と「3勝2敗」の投資家がいるとします。自分の買った銘柄が上がって利益が出たら勝ち、下がって損失が出たら負けと数えた場合です。

　どちらの投資家が利益を得るかというと、ここが株式投資の面白いところで、必ずしも「勝率の高い」人が勝つとは限らないのです。その理屈はこうです。最初トレードで2万円のキャピタルゲイン（利益）を得たとします。そして、2回目、3回目、4回目でも2万円の利益を得たとします。ここまでくると、自分の投資手法にも自信が出てきます。

　ところが、5回目の投資のときに株価が2万円下がったとします。この下がった時点で「損切り」をしてしまえば、トータルで6万の利益です。

ところが、自信がありますから、そのまま持ちつづけます。マイナス３万、５万……１０万、１２万。ここでとうとうこらえられなくなって売り、トータルでマイナス４万となってしまう。こんなパターンが多いのです。
　「たった１回の負けですべての利益を失う」。これが、負け投資家のパターンなのです。「３勝２敗」でも、勝ちで２万、負けで２万とシステマチックにトレードをしていけば、プラス２万となるわけです。
　「トータルで勝つ」。この考え方をどうか覚えておいてください。

第6節 それでは早速スイングトレード！
（移動平均線、RSI、Fast Stoch）

　本章の4節で選んだ銘柄をじっと見つめて、株価のくせをつかみましょう。株価の動き方には必ず特徴があります。その特徴をつかめれば、こちらのものです。そして、株価が下がってきたところで買うのです。

　スイングトレードをやっていて気づいたことがあります。それは「基本は移動平均線にある」ということです。ローソク足と呼ばれるチャートは、移動短期平均線（以下短期線と呼びます）と移動長期平均線（以下長期線と呼びます）にまとわりつくように上下して移動していきます。

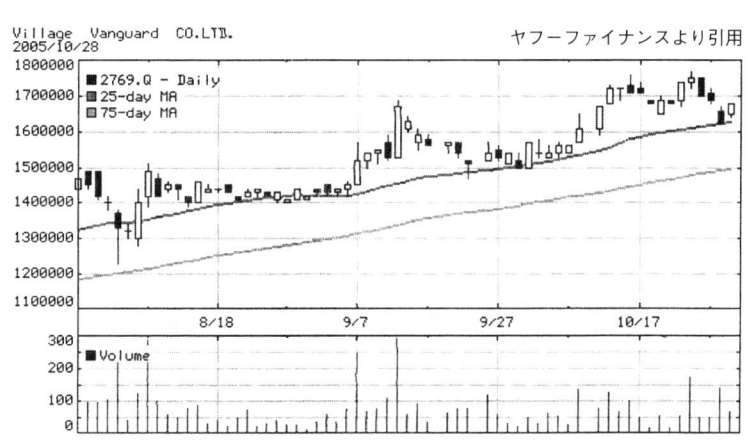

↑「株価が移動平均線（短期）で反転する銘柄を見つけよう！」
上記は、（株）ヴィレッジヴァンガードコーポレーション（ジャスダック2769）の3ヶ月チャート。（2005/10/28）

３ヶ月チャートを見ます。銘柄によっては、株価が下がってくると短期の平均線にぶつかったところで必ず上昇に転じる株があります。このような株を探します（１３２ページのグランビルの法則、買いシグナルの③を参照）。上昇トレンドの銘柄は基本的に、短期線が上、長期線が下です。

　ただ、移動平均線だけだと心もとないので、ほかにもいくつか信頼のおける指標を参考にします。

　ひとつ目は、ＲＳＩです。ＲＳＩとは、ひとことでいうと、その銘柄が「売られすぎなのか」「買われすぎなのか」を見る指標です。数値が高ければ「買われすぎ」で、低ければ「売られすぎ」です。数値は０～１００％まであります。だいたい上限が８０％で、下限が２０％です。

　つまり、ＲＳＩが２０％近くにあれば、その銘柄は「売られすぎ」なのでそろそろ上昇に転じると考えられるわけです。

　実際の株価とＲＳＩとを比較してみますと、転換点では、面白いようにＲＳＩが低くなっているとわかります。

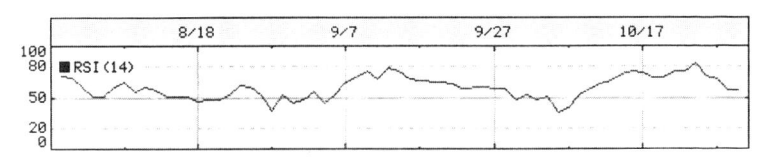

ヤフーファイナンスより引用

　２つ目の指標は、ストキャスティクス（Fast Stoch）です。これは、％Ｋと％Ｄが互いに絡み合いながら乱高下するグラフです。縦軸はＲＳＩと同じくパーセンテージを表しています。

　見方はいたってシンプルです。２本のラインが３０％以下にあり、％Ｋが、％Ｄを下から上に突き抜けたときに株価は上昇します。

2本のラインが70％以上にあり、％Dが％Kを上から下に突き抜けたときに株価は下降します。
 つまり、％Kが地面に着きその上に％Dがあり、まさにこれから、％Dを突き抜けようとしているそのときに買えばいいのです。
 これもまた、面白いように、％Kが％Dを突き抜けたときに、株価が上昇に反転しています。ご確認ください。

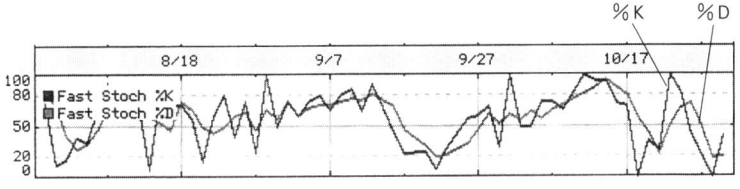

ヤフーファイナンスより引用

 以上の2つの指標は、市場の動向がどうあれ、比較的信頼のおける指標です。ぜひ、お試しください。
 スイングトレードをしているので、私の場合、移動平均線は基本的に3ヶ月チャートで見ます。3ヶ月チャートで長期線にまで株価が落ち込んだ銘柄も、1年チャートで見ると、ちょうど1年チャートの短期線に接していて、絶妙の買いタイミングであることも少なくありません。
 その場合、ＲＳＩやストキャスティクスも参考にして、購入を検討してください。

成功哲学について

　私は成功哲学フリークです。ナポレオン・ヒルにはじまり、アール・ナイチンゲール、ウェイン・ダイアー、ジョセフ・マーフィー、ブライアン・トレーシー、ジェームス・スキナー、日本では、本田健や神田昌典など、書籍やオーディオ教材などを読んだり聞いたりすることが生活の一部になっています。

　どんな分野の仕事にせよ、成功者と呼ばれる人々は、この成功法則というものを使っているということです。

　ナポレオン・ヒルの『思考は現実化する』は、もう１世紀以上も前の書籍です。

　これは、鉄鋼王のカーネギーが、当時新聞記者であった、ナポレオン・ヒルに５００人の成功者を２０年間追跡調査して、その成功の共通の因子を探しだし、法則化しなさいと依頼してできあがった本です。

　面白いのは、５００人の中には、まだ、成功していない人物も含まれていました。彼らは、その行動力から、カーネギーに「成功するだろう」と見込まれた人物でした。その中には、若き日のヘンリー・フォードなども含まれていました。

　この本が今も生き続けている秘密は、単に成功者の伝記にとどまるのではなく、普通の人が、どのようにしたら、成功できるかを、具体的に書いてあるところです。

　人生を変えるきっかけになる一冊になること請け合いです。

第7節　スイングトレードの注意点

　スイングトレードのコツは、何といってもスイングトレードに徹することです。短期投資のつもりで始めたものをずるずると中期投資にしないことなのです。

　株というのは面白いもので、遠い国で起こったテロが、株価に影響したりするのです。「何故？」と思うかもしれませんが、社会情勢が不安になったり、不確定な要素（政治不信や、選挙など）が入ると決まって株価は大きく変動します。だから、大きな選挙の前には、一度、株を手仕舞うのが得策なのです。

　しかし、天変地異やテロは予想できません。長期で旅行に出かけたりなど、しばらく株価を見られないときは、短期投資の銘柄は決済しておいたほうがいいと思います。そのようにしておけば、「塩漬け」などということは起こらないでしょう。

第8節　損切りについて

　「損切り」。これさえできれば、株式投資の世界で利益を上げ続けることができます。これは真実です。逆にいえば、損切りができないと、この世界では生き残れません。

　デイトレーダーの人にも、スイングトレーダーの人にも、中期トレーダーの人にも、長期トレーダーの人にも、このことは当てはまります。

　個人投資家の参入がいっきに増え、外国人投資家が日本の株式市場に注目し参入してきている今、株価の動きは以前と比べようもないくらい速くなっています。

　的確ですばやい「損切り」は、今後ますますその重要さを増してくることでしょう。

　5節でも述べましたが、株式投資家の一般的な行動パターンをここに紹介します。

　あるA君が株を買いました。「甘い甘い株になれ、大きな大きな株になれ」と言ったかどうかは知りませんが、幸いなことにA君の望みどおり、A君の買った直後に株は上がりました。A君は、とりあえず、当初の目的であった2万円の利ざやが出たので、そこで利益を確定しました。

　1週間後、A君はまた株を買いました。「甘い甘い株になれ、大きな大きな……」と。これも予想通りでした。A君の買った株は上がり、2万円の利ざやを稼げました。

　A君の市場に対する読みは的確で、その後も連勝を続け、A君は5連勝して10万円のキャピタルゲイン（株の売買金額の差額による利益のこと）を得ることができました。A君は優秀な投資家だっ

たのです。

　そしてまた、A君は次の株を買いました。「甘い甘い株になれ、大きな大きな……」と。ところが、今回も株は上昇するかと思いきや、株価は２万ほど下がってしまったのです。今までの連勝に自信のあったA君は、「すぐに戻るだろう」と思って静観していました。しかし、株価はさらに下げ続けたのです。そして、とうとうマイナス４万にまで……。

　「せめて買値まで、株価が戻ったら処分するか」。そう思っているうちに、あれよあれよという間に株価は下落を続け、ついにはマイナス１０万円にまで下がってしまいました。ここにきてこわくなって、A君が株を投げ売りしたときには、株価はマイナス１２万円でした。

　A君の勝率は５勝１敗です。でも彼のキャピタルゲインは、トータルではマイナス２万なのです。

　どうしてこんなことが起こってしまったのでしょう。６番目に投資した株がマイナス２万円のときに、「損切り」をしなかったこと。これが大きな原因です。どんなに連勝していても、たった１回の負けですべての利益を吐き出してしまう。これが、ほとんどの人の負けパターンです。

　利益確定は意外と早いのに対し、「損切り」は遅い人が多いのです。「確定さえしなければ、まだ損はしていない」という幻想があるからだろうと思います。そのような間違った思いを抱き、損切りを先延ばしにしていると、いずれそのうちに、自分のポートフォリオの株のほとんどがマイナスになっていることに気づくことでしょう。そのときには、売るに売れない状態なわけです。こうして、塩漬け株（安くなりすぎて、売るに売れなくなった株のこと）が出来上がっていきます。

　「損切り」した途端に株価が上がることはよくあります。でも、

それはたまたまにすぎないのです。買った時点よりも下がった時点で「自分の判断は間違っていた」と素直に認め、すぐに「損切り」するのがリスクを減らす一番の方法です。

大事なことなので繰り返します。株はトータル勝負です。そのことをいつも肝に銘じておけば、大きく損をすることはないでしょう。

今回は損切りの価格を2万と設定していますが、これは、投資額によって変わってきます。

なお、損切りと利益確定のバランスを保つためにも、毎回投資する額は、ある程度一定でないといけません。

例えば、30万円の株を1株買って利益確定したとします。次に10万円の株を買うのであれば、3株買って投資額を一定に保つのです。投資額を一定にすれば、同じパーセンテージ、同じ金額で損切りや利益確定ができます。

第9節　利食いについて

　「利食い」。これは、結構簡単にできます。でも、それは、前節の「損切り」よりも簡単という意味です。

　ここにも投資家そして人間特有の欲望と希望が大きく立ちはだかります。利食いのコツは、金額と期間を決めておくことです。例えば、５０万円投資します。「２万円の利益を１週間で」と決めます（この金額は銘柄の値動きの幅によって変わります）。そして、利益が２万円になったら売りです。２万円にならなくても、１週間たったら手仕舞います。

　それならば、買ったらすぐに指し値で「５２万円」にしておけばいいではないかと思うところでしょう。確かに、そういう方法もあります。でも、「利食い」の場合だけはそんなにあわてないほうがいいのです。２万円利益が出たところで、翌日の寄りつきで売ると、もう少しだけ高く売れます。

　「損切りは早く、利食いは遅く」と言われます。損切りがしっかりできていれば、それほど「利食い」に神経質になる必要はないと思います。テクニカル的には、出来高が伸び続けているうちは、まだ売らなくていいでしょう。

　なぜなら、出来高は株価に先行することが多いからです。だから、株価も出来高も両方伸び続けているうちは、持っていてもいいでしょう。出来高が減ったら、売りを考える時期に来ていると思いましょう。

　ただ、目標額を決めておいても、目標額になると「もっと上がるかも」とか思ってしまいがちになります。これは、仕方のないことです。プロはそこで半分の株を売り、ある程度利益を確定して、さ

らに残した半分の株を、もう一度、冷静な目で判断していくと聞きます。一度、ある程度利益を確定してしまえば、心に余裕も生まれることでしょう。なるほどです。

私の場合、ガッツポーズが出たら、売ることにしています。どんなときにガッツポーズが出るかというと、買値の１割以上１日で値上がりしたときです。３０万円の株だったら１日で３万円値上がり。１００万円の株だったら１日で１０万円の値上がり、という感じです。このようなときは、翌日の寄りつきで売りましょう。指し値をしないほうがいいです。少しくらいの金額で売りを逃すともったいないです。

昔は「主婦が証券会社に並ぶと、その株はもうピークを迎えている」と言われました。つまり、主婦にまで情報が行き渡った頃には、その株はもう最高値にきていると。雑誌や新聞である銘柄がはやしたてられる頃には、その株の売り時が近づいているということなのでしょう。

「もっと上がるかも」と思っているところで、掲示板などに「まだまだいくぞ、それゆけ○○！」とか、「１００万超えは確実！」などと騒がれ出したら、短期トレード的にはそろそろ黄昏（たそがれ）どきです。

心理学によると、「人間は自分の考えに合ったものを情報の中に見い出そうとする傾向がある」そうです。「上がるかも、上がってほしい」という曇りガラスを通して、いくらその銘柄を調べてもマイナス要因は、きっと目に入ってこないことでしょう。

２００円の株が２５０円になったときに売り、３００円まで上昇した株を静観し、２７０円に下がったところで買い戻し、３２０円で売る。同じ銘柄の中で、このような売買ができると玄人（くろうと）っぽくて、かっこいいですね。

さて、もし万が一売り損ねて、株価が下がってしまったとしても、

「また、高値に戻ったら売ろう」などと思わないことです。なぜなら、高値付近には、「高値づかみ（高値で株を買ってしまったこと）」をした人たちが、まるで蜘蛛の糸を待つ地獄の住人のように待ちかまえているからです。

　それが、「しこり（過去に売買が集中したところで、売りたい人が多く、相場の節目となっているところ）」となって高値に近づくと、その手前で一斉に売りが膨らんで急落する可能性が高いのです。

　「あたまとしっぽはくれてやれ」という言葉があります。損切りも利食いも、ほどほどのところで実行していくことが大切ということなのでしょう。気持ち的にも楽ですし。

　楽しみながらやることも、株式投資の大切な要素だと私は思います。

第１０節　おわりに

　投資銘柄を決めるのは、精神的にも落ち着いていて、体調も万全のときのほうが、いい結果が出るようです。そのことがわかってからというもの、私は週末のゆっくりとくつろいだ時間に、来週の売買する株式銘柄を決めるようにしています。

　健康な心身に鋭い感性やツキや運がやってきます。これは、丸の内の先読み名人こと菅下清廣氏も書籍の中で語っています。

　私はテクニカル投資家ですので、実際には、ファンダメンタル的な経済や金融に関する勉強や情報を活用してはいません。しかし、そうした勉強は面白いですし、自分の成長にもつながります。それまで、ぼんやりと見ていた経済の動きやニュースに興味を持てるようになっただけでも、株式投資をやって良かったと思います。

　私たちは、高速で走る列車に後ろ向きに乗せられている乗客と同じです。先の景色は見えません。ただ、「今」見えている景色から、ちょっと先の景色を予想することは可能です。先の景色を１００％予測することはできませんが、経験を積んでいくうちに、その予想の精度は上がっていくでしょう。これは、株式投資だけにとどまらず、いろいろなことにも言えるのではないか、そんなふうに考えています。

　今回、掲載した株式投資の手法が、あなたの投資法の一助になればと思います。

第6章
コツコツ儲けるための運用方法 その2
【分散投資&グランビルの法則】

株式投資はギャンブルや宝くじと同等に考えられていて一発ドカンと儲けるものと思われがちですが、実はそうではありません。運用方針を定めてきちんと守ってゆけば、あたかも事業を営んでいるかのようにコツコツと利益を出していけるものです。本章では、コツコツと利益を出すための運用方法として分散投資&グランビルの法則を述べていきたいと思います。

第1節　分散投資の勧めとその手順

1　株式投資全体に費やす予算を決める

　一般的に次の式で株式に回せる資金の全資産に対するパーセンテージが算出されると言われています。

株式投資に使える資金のパーセンテージ＝１００－自分の年齢
↓
株式投資に使える資金＝
全資産のうち現金分×株式投資に使える資金のパーセンテージ

　余裕資金をすべて株式投資に注ぎ込むのはやめましょう。ある一定の割合を現金として残しておくのも分散投資のうちです。株式市場の暴落があって絶好の買いどきが来るかもしれません。また、何かの理由でお金が必要なときがくるかもしれません。いずれにしても、ある思い込みをもとにすべての資金を一気に株式投資に振り向けるのはやめるべきです。

2　いろいろな銘柄を選ぼう！

　ひとつの銘柄に全額投資するのは急落時に損失が大きくなるのでやめましょう。複数の銘柄に分散すれば、すべての銘柄が急落する確率が少なくなるので安全性が増します。

どのくらいの数字が良いのかについては一概には言えないのですが、1銘柄当たり株式投資に費やせる予算の5～10％の投資を考慮に入れて銘柄を選択してください。一度決めたら分散投資の観点で予算枠を増やさないことを心がけてください。

3　最低売買単位が低い銘柄を買おう！

　最低売買単位が低ければ、何回かに分けて売買できます。よって、売買の戦術の選択肢も広がります。例えば、2割上昇したら上昇したぶんだけ売ってトータルの時価総額を一定にすることができます。逆に、2割下落したら下落ぶんを買ってトータルの時価総額を一定にすることができたりもします。

4　さあ買ってみよう！（でも一度に買うのは止めましょう）

　「2度に分けて買え、2度に分けて売れ（相場格言）」でもおなじみのように、買った瞬間から右肩上がりにはまずなりません。むしろ下がることを考えたほうがよいでしょう。万が一損切りしなければならない状態に陥った場合も考えて、様子を見ながら少しずつ時間をかけて、安く買い集めるのがよいでしょう。損失の絶対額も少なくてすみます。

5　上がるまで待つ（一度買ったらジタバタしないでずっと持つ！）

　株価はすぐに上がりません。そのことを忘れて、「なかなか上がらない」とイライラしているときに別の銘柄が上がっているのを見たらどうでしょうか。きっと、つい心が動いてその銘柄に乗り換えたくなると思います。でも、ここは初志貫徹の精神で持つべきです。臨機応変などといってコロコロ銘柄を変えるとかえって儲からないです。これは、理屈ではなく、自分の経験から語れることです。

※注意！！　ある銘柄を予算枠いっぱいに買ってしまった後に

　ある銘柄を予算枠いっぱいに買ってしまった後、株価が下がって評価損が出てしまった場合、買い増しして一株あたりの買値を下げたくなったりしますが、これはやめましょう。ひとつの銘柄に多くの資金を注ぎ込むことになるからです。買った理由がまだ「間違っていない」と思うのであればそのままにしてくほうがよいと思います。逆に、買った理由が「間違いだった」と判断したならば、売り払い（これを損切りといいます）、深追いはやめて、別の銘柄を買うほうがよいと思います。

　買う理由もないのにお金を出すのはもはや投資とは呼べません！

6　さあ売ってみよう！（でも一度に売るのは止めましょう）

　先ほど取り上げた「2度に分けて買え、2度に分けて売れ（相場格言）」は売るときにも当てはまります。株価が思ったとおりに上がっても一度に売るのは止めましょう。株価の天井は誰にもわかり

ません。「儲かった！」という実感がわかないかもしれませんが、目安として、買ったときの時価総額をキープするように少しずつ売るのがよいでしょう。次節に紹介するグランビルの法則を活用して時価総額をキープする形で運用すればいつの間にかコツコツと利益を出していることに気づくことでしょう。

7　お金は再投資（お金を得るのも試練のうち？）

　手持ちの銘柄が上がりきって頭打ちとなったときには別の割安銘柄に再投資しましょう。お金を得るとついつい何かを買ったりしてしまいがちですが、心を鬼にして再投資に回しましょう。複利の効果が出てさらに儲けのチャンスが広がります。資産拡大の倍倍ゲームも決して夢ではありません！

第2節 細かな売買のタイミングを図る
～グランビルの法則～

　コツコツと株式投資で利益を得るには、状況に応じて売買することが大切です。そこで、この節ではテクニカル分析（株価の値動きのみで売買のチャンスを探る投資法のこと。第5章で紹介したスイングトレードもそのひとつ）で有名な「グランビルの法則」を紹介したいと思います。

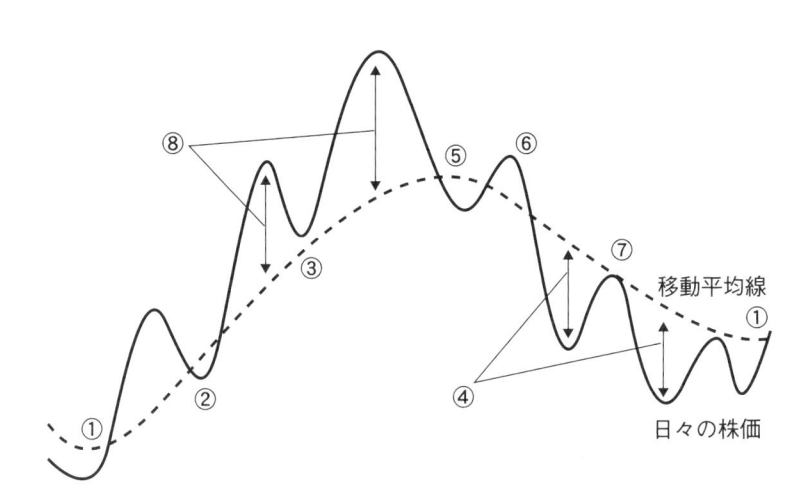

◎**買いシグナル**
①移動平均線が長期下落、または横ばいのときに上昇に転じたときは初回の買い
②株価が移動平均線を下回っても、移動平均線が上向きのときは押し目買い
③株価が下がっても上昇しつづける移動平均線を下回らずに上昇したときは買い乗せる
④移動平均線が下がっているときでも株価が下方に大きく下回っているときは反発しやすいので押し目買いのチャンス

◎**売りシグナル**
⑤移動平均線が長期上昇、または横ばいのときから下落に転じたときは初回の売り
⑥移動平均線が下降しているとき株価が上回っても売り
⑦株価が反発しても移動平均線が下降しているときは売り
⑧移動平均線が上昇しているときでも株価が大きく乖離しているときは売り

第3節 持ち株の時価総額は常に一定に

　コツコツ利益を得るためのコツは持ち株の時価総額がだいたい一定になるようにすることです。その銘柄を持つ理由がある限り、少し上昇しては売り、少し下落したら再び買う行動が一番良いように思います。そういった行動を長年続けていくといつの間にか利益が出ていることに気づくはずです。
　一度に大量に買って、一度に一気にすべて売るやり方は"儲かった"という感じはしますが、株価の天井と底値を見抜けない限り効率のよいやり方とは思えません。株式はリスク資産です。値段の上下があって当たり前の資産です。だからこそ、コンスタントに利益の上がる運用方法が求められるわけです。

第7章
勉強会・オフ会に出よう

　株式投資を始めて何年もたってからわかったことがあります。誰にも言わずひとりで株式投資をしていると気づかぬ間にストレスがたまるんですよね。やはり、損切りのつらさ、利食いのうれしさを他人と共有できる何かの機会を持つべきだと思います

　"人はひとりでは生きていけない"と言いますからそれが人間として正常な姿なのでないでしょうか。そういう理由から私がお勧めする勉強会・オフ会の紹介をしたいと思います。

第1節　無料セミナーに参加しよう

　最近ではＩＲ（Investers RelatIon）や投資家向けの広報も充実してきました。以下に記すセミナーでは経営者の人となり、息づかい、経営にかける情熱が伝わってきます。
　このような無料セミナーがインターネット上でＴＶ感覚で見られるのですから、世の中もだいぶ進歩したものですね。

【お勧めセミナー】
◎**ブリッジサロン**　URL　http://www.cyber-ir.co.jp/doga/doga.htm
　上場企業の社長自ら自社のＰＲをするセミナーです。無料で受講でき、しかも直接経営者と話ができる交流会も設けているかなりお得なセミナーです。また、ホームページ上では過去の社長のプレゼンテーションを無料で見ることができます。

◎**IR on the web**　URL　http://www.ir-web.jp/www/index-j.html
　生のセミナーではないのですが上場企業の社長自らあるいはＩＲ担当者が自らの会社をアピールするサイトです。また、ホームページ上では、過去に行われた企業のプレゼンテーションを見ることができます。

◎**TOKYO IPO**　URL　http://www.tokyoipo.com/top/ja/index.php
　ＩＰＯする企業、または新興企業の社長自らあるいはＩＲ担当者が自らの会社をアピールするセミナーです。また、ホームページ上では過去のプレゼンテーションを無料で見ることができます。

第2節　有料セミナーに参加しよう

　有料の株式投資セミナーはいいですね。有益なセミナーならば受講料ぐらいすぐに取り返せます。特に、長年定期的に開催されていて実績のあるプロが講師をしているセミナーならばまず間違いないと考えてよいでしょう。
　仮に、推奨銘柄が外れても、その中で語られる推奨のいきさつ、経済の予測など、ためになる話が聞けます。今後の投資の糧となります。新聞、雑誌で手に入らない貴重な情報が得られるのですから、考えようによっては、割安なものに投資をしていることになるのではないでしょうか。
　もうひとつ利点があるとすれば、例えば、悪い財務内容の会社が実は良い会社であるといった情報が得られる可能性のあるところです。つまり、バランスシートに載っていない見えない良質の資産があることを教えてもらえるわけです。

【お勧めセミナー】
◎キャッシュフローゲーム会　URL　http://kanemoti.cside.com/game/
　株式投資セミナーではないのですが、ご存知、あの『金持ち父さん・貧乏父さん』でおなじみのロバート・キヨサキ氏が考案したキャッシュフローゲームをさまざまな有志の方があちこちで催しているゲーム会です。ゲーム会のほかにセミナーを開いている会もあるので1粒で2度おいしい思いをすることもあるでしょう。このゲーム会に参加している方はやはり意識が高く、投資に興味を持ち、また投資経験豊富な方も多いので、人脈を築きたい方や意識づけを明

確にしたい方はぜひ参加してみてください。有料ですがとても良心的な価格で参加できます。

特にお勧めなのが第5章を担当した"よっしー"の催しているゲーム会です。株式の信用取引の経験が豊富な"よっしー"は、202と呼ばれる上級者向けのゲーム会を催しています。信用取引やオプション取引を志す方は練習代わりに参加されてはいかがでしょうか。
"よっしー"のホームページ
URL　http://www2.odn.ne.jp/~has02380/

◎**人生を謳歌する会**　URL　http://www.jinseiok.com/
　約3ヶ月に一度催される勉強会・オフ会は参加者ともに非常にレベルが高く、有意義な集まりと言えます。有志の方がボードリーダー（発表者）となって投資に関する知識、経験をシェアしようとする勉強会です。私たちもボードリーダーになった経験を持っています。

◎**ストックキャンパス　月一度のセミナー**
URL　http://www.stockcampus.com/
　松川行雄氏（参考文献参照）が主催するストックキャンパスの月に1度のセミナーです。米国株式市場と日本株式市場に関する相場戦略を推奨銘柄を交えて語るセミナーです。松川氏は話が面白く、しかも米国株式については、今のところ日本で一番身近に聞ける論客ではないでしょうか。

◎**経営合理化協会　大竹愼一氏のセミナー**
URL　http://www.jmca.biz/index.html
　年4回ほど開催され、受講料5万円とかなり高いですが、それなりに内容も充実しています。日本の評論家とは違った観点、視点で語られる大竹氏のセミナーは傾聴に値します。さすが世界をまたに

かけてきて、たったひとりで何百億円も運用されるファンドマネジャーは違います。セミナーＣＤ・テープが販売されていますので、受講できない場合は、それを利用されるのもひとつの手だと思います。

　勉強会・オフ会に出てしみじみ思うのは自分だけが株式投資で悩み、苦しみ、楽しんでいるのではない、ということです。何のことはないのかもしれませんが「投資に関する思いを共有できる」と知っているか否かでは精神的にずいぶんと違ってきます。皆さんもぜひ参加してみてください！！　みなさんと、どこかの勉強会・オフ会でお会いできますように。

あとがき

　いかがでしたでしょうか、少しの経済指標とジンクス、季節要因、テクニカル分析を押さえればかなり勝率の高い株式投資ができることがおわかりいただけたと思います。

　おかげさまで、こうしてあとがきを書いている２００５年１１月下旬現在、私たちの株式資産は年初に比べて約４０％アップのパフォーマンスを見せている次第であります。

　そして、私たちのノウハウをこうして皆さんに公開できることができて大変うれしく思います。私たちと同じ銘柄をもつ人が増えて儲けのチャンスが増えると思うとうれしいです（笑）。

　普段の仕事を離れて、どのような株式を買うか決める過程において、かなり大局的な見地で業種や企業を見ていくうちに感慨深いものを感じてしまうのは私たちだけでしょうか。

　昨今、株式を通しての企業買収のニュースが頻繁に聞かれるようになりました。ここで、あらためて「企業への投資とは何か」と突き詰めて考えさせられました。私の結論は「企業の価値を見極める」です。そうです。企業の価値を見極めるとは、「企業の価値とは何か」を考え尽くすことだと思うのです。これらの問いに答えを下すということは、逆に、私たちのものの見方の能力を問われるような気がしてなりません。

　このような意味で、まえがきに記した成毛真氏の言葉にあったとおり、自分のお金で株式投資をやっているのといないのとでは経済的な面でも、また社会人としての能力においても差が開いていくのでしょう。

　まだまだ株式投資は「博打の一種＝悪」と思われています。そし

てまだまだ割安に放置されています。ということは、逆に今は、株式投資を志す私たちにとってチャンスの時期と言えるのではないでしょうか。

特にインターネットが発達した今、いわゆる機関投資家と個人投資家との情報力においての差は狭まりつつあります。また、個人投資家の存在を重要視する経営者も現れ始めています。このことは、株式市場を通して大きな資産を築けるチャンスが個人投資家にも確実に与えられていることの表れではないでしょうか。

もし、本書に対するご意見、ご感想などあれば以下のブログに書き入れてくだされば幸いです。

ブログＵＲＬ　http://ameblo.jp/bart/

投資を成功させるのに特別な才能の類は必要ありません。世界第2位の富豪ウォーレン・バフェット氏はこうおっしゃています。

「生涯を通じて投資で成功するためには、知能指数がずば抜けて高い必要もなければ、人並み外れた洞察力を持つことも、内部情報に通じている必要もありません。必要なのは、意思決定のための適切かつ知的なフレームワークと、それを働かせないような力から感情を一定に保つことができる能力です」

『賢明なる投資家』（パンローリング刊）より抜粋

つまり、私たちにも株式投資で成功するチャンスが十分にあるということです。お互いにがんばろうではありませんか！

最後に、筆不精の私たちが出版にこぎつけたのは編集者の磯崎氏と磯崎氏に引き合わせてくれた田口氏の尽力による部分が大であり、感謝の言葉が見つかりません。また無名の一介のサラリー

マンに過ぎない私たちに執筆の機会を与えてくださったパンローリング代表取締役であらせられる後藤康徳氏にもお礼を述べたいと思います。本当にありがとうございました。

参考文献・情報源 　　　　（著者／タイトル／出版社）

ベンジャミングレアム／賢明なる投資家／Pan Rolling
知る人ぞ知るバリュー投資創始者の著作！！かなりアカデミックな本ですがヴァリュー投資を志す方は必読の書というべきでしょう！

大竹眞一／ウォールストリート流合理的株式投資の考え方／フォレスト出版
こちらもかなりアカデミックな本ですがバリュー投資に必要な考え方、知識がぎっしりと集約された本です。かなり読み応えがあります。

大竹眞一／おカネの法則／日本経営合理化協会
私はこの本を財務分析の教科書に使っています。かなり値段の高い本ですが、普段目にする財務関連の書籍には無い視点で語られているのが魅力的です。

大竹眞一・山田清一／不況でも「上がる株」が見つかる／フォレスト出版
この本は企業の成長だけが投資の理由ではないという、目からうろこの気づきを私に教えてくれた本です。

大竹眞一／あなたが株で勝つための株式投資100の答え／フォレスト出版
ファンドマネジャーである著者が個人投資家からの質疑応答を記した本。個別銘柄からマーケットのジンクスまで幅広い知識がこめられた本です。

松川行雄／この3年で資金を3倍にする株式投資／明日香出版
プロの投資家がそのノウハウを個人投資家に伝える目的で書かれた本。金利の見方、景気と株価の関係などいろいろな知識が書かれた本です。

村田雅志／景気予測からはじめる株式投資入門／PanRolling
マクロ経済から株式投資を語る数少ない書。本書でも経済産業省のデータをもとに大局的な見地から銘柄選択を行ったが、この書ではセクター選択を紹介している。

遠藤四郎／株でゼロから30億円稼いだ私の投資法／エール出版
バリュー投資で成功された方の本です。１５万円から３０億円にまで株式資産を増やした一見平凡な男性の孤独な戦いを描いた自伝的な本です。皆さんもきっと共感されるはずです。一度手にとって読んでみてはいかがでしょうか。

四谷一／普通のサラリーマンでも１５年で２億つくれる／ダイヤモンド社
収益バリュー投資（収益がある割に安く株価が放置されている銘柄に投資する手法）を薦める個人投資家（サラリーマン）が書いた本です。大変わかりやすくバリュー投資を解説しています。５万部も売れた実績がある本です。

＜情報源＞
モーニングサテライト／平日の朝５：４５から６：４０まで放映／ＴＶ東京
経済報道番組です。米国金融市場からの生の情報がわかる点で非常に重宝する番組です。また時々語られる金融に関するウンチクも非常に役立ちます。ぜひ読者の皆様も観てください

ストックキャンパス／URL http://www.stockcampus.com/
参考文献で紹介した松川幸雄氏が主宰する有料情報発信サービスです。日本株だけでなくアメリカ株にまで広範囲にわたる情報が配信されます。

株道／URL http://www.kabudo.com/
企業の財務内容を精査して割安で中長期のスパンで株価上昇の見込まれる銘柄を紹介する有料サイト。手堅い銘柄を推奨するのに定評があります。

Bartの株式投資評論あるいはその雑感／URL http://ameblo.jp/bart/
私ことBartのブログです。週２回を目安に更新しております。ぜひ、遊びにいらしてください。

■**著者紹介**

Bart
１９７１年生まれ。埼玉県在住。職業は会社員。２００１年より現物株のみの株式投資をはじめ、年間平均利回り約１０％超のパフォーマンスで株式資産を増やしつつある。投資哲学は確実にコンスタントに利益を得ること。景気予測からはじめるトップダウンアプローチと呼ばれる投資法と、個別割安株を探すことからはじめるボトムダウンアプローチと呼ばれる投資法を駆使してただいま奮闘中！

よっしー
１９６７年荒川区生まれ。サラリーマンの傍ら株式投資を始め、分割株を利用して１年で資産を６倍にする実績を持つ。ほかに、アフィリエイト、ＭＬＭなどの研究・実践を行い、複数の収入源を持っている。また、経済シミュレーションボードゲーム『キャッシュフローゲーム』会を主催し、その中で成功哲学や株式投資のセミナーも行っている。

2006年 1月 3日　第1刷発行

私も絶対サラリーマン投資家になる！

著　者	Bart & よっしー
発行者	後藤康徳
発行所	パンローリング株式会社
	〒160-0023　東京都新宿区西新宿7-21-3-1001
	TEL 03-5386-7391　FAX 03-5386-7393
	http://www.panrolling.com/
	E-mail　info@panrolling.com
装　丁	斉藤久華
組　版	株式会社ベイ・イースト・グラフィックス
印刷・製本	株式会社シナノ

ISBN4-7759-9024-1　　　　　　　　　　　　　　　　　　　　　　　　　RCK71.5

落丁・乱丁本はお取り替えします。また、本書の全部、または一部を複写・複製・転訳載、および磁気・光記録媒体に入力することなどは、著作権法上の例外を除き禁じられています。

Ⓒ Bart & Yosshi 2005　Printed in Japan

免責事項
この本で紹介している方法や技術、指標が利益を生む、あるいは損失につながることはない、と仮定してはなりません。過去の結果は必ずしも将来の結果を示したものではありません。この本の実例は教育的な目的のみで用いられるものであり、売買の注文を勧めるものではありません。

<1> 投資・相場を始めたら、カモにならないために最初に必ず読む本！

マーケットの魔術師
ジャック・D・シュワッガー著

「本書を読まずして、投資をすることなかれ」とは世界的なトップトレーダーがみんな口をそろえて言う「投資業界での常識」。

定価2,940円（税込）

新マーケットの魔術師
ジャック・D・シュワッガー著

17人のスーパー・トレーダーたちが洞察に富んだ示唆で、あなたの投資の手助けをしてくれることであろう。

定価2,940円（税込）

マーケットの魔術師 株式編 増補版
ジャック・D・シュワッガー著

だれもが知りたかった「その後のウィザードたちのホントはどうなの？」に、すべて答えた『マーケットの魔術師【株式編】』増補版！

定価2,940円（税込）

マーケットの魔術師 システムトレーダー編
アート・コリンズ著

14人の傑出したトレーダーたちが明かすメカニカルトレーディングのすべて。待望のシリーズ第4弾！

定価2,940円（税込）

投資苑（とうしえん）
アレキサンダー・エルダー著

精神分析医がプロのトレーダーになって書いた心理学的アプローチ相場本の決定版！各国で超ロングセラー。

定価6,090円（税込）

ワイコフの相場成功指南
リチャード・D・ワイコフ著

日本初！ 板情報を読んで相場に勝つ！
デイトレーダーも必携の「目先」の値動きを狙え！

定価1,890円（税込）

ワイコフの相場大学
リチャード・D・ワイコフ著

希代の投資家が競って読んだ古典的名著！
名相場師による繰り出される数々の至言！

定価1,890円（税込）

ストックマーケットテクニック 基礎編
リチャード・D・ワイコフ著

初めて株投資をする人へ 相場の賢人からの贈り物。"マーケットの魔術師"リンダ・ラシュキも推薦！

定価2,310円（税込）

ピット・ブル
マーティン・シュワルツ著

習チャンピオン・トレーダーに上り詰めたギャンブラーが語る実録「カジノ・ウォール街」。

定価1,890円（税込）

ヘッジファンドの魔術師
ルイ・ペルス 著

13人の天才マネーマネジャーたちが並外れたリターンを上げた戦略を探る！　［改題］インベストメント・スーパースター

定価2,940円（税込）

<2> 短期売買やデイトレードで自立を目指すホームトレーダー必携書

魔術師リンダ・ラリーの短期売買入門
リンダ・ラシュキ著

国内初の実践的な短期売買の入門書。具体的な例と豊富なチャートパターンでわかりやすく解説してあります。

定価29,400円(税込)

ラリー・ウィリアムズの短期売買法
ラリー・ウィリアムズ著

1年で1万ドルを110万ドルにしたトレードチャンピオンシップ優勝者、ラリー・ウィリアムズが語る!

定価10,290円(税込)

バーンスタインのデイトレード入門
ジェイク・バーンスタイン著

あなたも「完全無欠のデイトレーダー」になれる!
デイトレーディングの奥義と優位性がここにある!

定価8,190円(税込)

バーンスタインのデイトレード実践
ジェイク・バーンスタイン著

デイトレードのプロになるための「勝つテクニック」や
「日本で未紹介の戦略」が満載!

定価8,190円(税込)

ゲイリー・スミスの短期売買入門
ゲイリー・スミス著

20年間、ずっと数十万円(数千ドル)以上には増やせなかった"並み以下の男"が突然、儲かるようになったその秘訣とは!

定価2,940円(税込)

ターナーの短期売買入門
トニ・ターナー著

全米有数の女性トレーダーが奥義を伝授!
自分に合ったトレーディング・スタイルでがっちり儲けよう!

定価2,940円(税込)

スイングトレード入門
アラン・ファーレイ著

あなたも「完全無欠のスイングトレーダー」になれる!
大衆を出し抜け!

定価8,190円(税込)

オズの実践トレード日誌
トニー・オズ著

習うより、神様をマネろ!
ダイレクト・アクセス・トレーディングの神様が魅せる神がかり的な手法!

定価6,090円(税込)

ヒットエンドラン株式売買法
ジェフ・クーパー著

ネット・トレーダー必携の永遠の教科書!カンや思惑に頼らないアメリカ最新トレード・テクニックが満載!!

定価18,690円(税込)

くそったれマーケットをやっつけろ!
マイケル・パーネス著

大損から一念発起! 15カ月で3万3000ドルを700万ドルにした
驚異のホームトレーダー!

定価2,520円(税込)

<3> 順張りか逆張りか、中長期売買法の極意を完全マスターする!

タートルズの秘密
ラッセル・サンズ著

中・長期売買に興味がある人や、アメリカで莫大な資産を
築いた本物の投資手法・戦略を学びたい方必携!

定価20,790円(税込)

カウンターゲーム
アンソニー・M・ガレア&
ウィリアム・パタロンIII世著
序文:ジム・ロジャーズ

ジム・ロジャーズも絶賛の「逆張り株式投資法」の決定版!
個人でできるグレアム、バフェット流バリュー投資術!

定価2,940円(税込)

オニールの成長株発掘法
ウィリアム・J・オニール著

あの「マーケットの魔術師」が平易な文章で書き下ろした
全米で100万部突破の大ベストセラー!

定価2,940円(税込)

オニールの相場師養成講座
ウィリアム・J・オニール著

今日の株式市場でお金を儲けて、
そしてお金を守るためのきわめて常識的な戦略。

定価2,940円(税込)

ウォール街で勝つ法則
ジェームズ・P・
オショーネシー著

ニューヨーク・タイムズやビジネス・ウィークのベストセラーリストに載
った完全改訂版投資ガイドブック。

定価6,090円(税込)

ワイルダーのアダムセオリー
J・ウエルズ・
ワイルダー・ジュニア著

本書を読み終わったあなたは、二度とこれまでと同じ視点で
マーケット見ることはないだろう。

定価10,290円(税込)

トレンドフォロー入門
マイケル・コベル著

初のトレンドフォロー決定版!
トレンドフォロー・トレーディングに関する初めての本。

定価6,090円(税込)

■「相場は心理」…大衆と己の心理を知らずして、相場は張れない!

投資苑(とうしえん)
アレキサンダー・
エルダー著

精神分析医がプロのトレーダーになって書いた心理学的アプロ
ーチ相場本の決定版!各国で超ロングセラー。

定価6,090円(税込)

ゾーン〜相場心理学入門
マーク・ダグラス著

マーケットで優位性を得るために欠かせない、新しい次元の心
理状態を習得できる。「ゾーン」の力を最大限に活用しよう。

定価2,940円(税込)

＜4＞ テクニカル分析の真髄を見極め、奥義を知って、プロになる！

投資苑 ／ 投資苑2
アレキサンダー・エルダー著

ベストセラー『投資苑』とその続編 エルダー博士はどこで
仕掛け、どこで手仕舞いしているのかが今、明らかになる！

定価各6,090円（税込）

投資苑がわかる203問
投資苑2 Q&A
アレキサンダー・エルダー著

定価各2,940円（税込）

シュワッガーのテクニカル分析
ジャック・D・シュワッガー著

シュワッガーが、これから投資を始める人や投資手法を
立て直したい人のために書き下ろした実践チャート入門。

定価3,045円（税込）

マーケットのテクニカル秘録
チャールズ・ルボー＆
デビッド・ルーカス著

プロのトレーダーが世界中のさまざまな市場で使用している
洗練されたテクニカル指標の応用法が理解できる。

定価6,090円（税込）

ワイルダーのテクニカル分析入門
J・ウエルズ・
ワイルダー・ジュニア著

オシレーターの売買シグナルによるトレード実践法
RSI、ADX開発者自身による伝説の書！

定価10,290円（税込）

マーケットのテクニカル百科 入門編
ロバート・
D・エドワーズ著

アメリカで50年支持され続けている
テクニカル分析の最高峰が大幅刷新！

定価6,090円（税込）

マーケットのテクニカル百科 実践編
ロバート・
D・エドワーズ著

チャート分析家必携の名著が読みやすくなって完全復刊！
数量分析（クオンツ）のバイブル！

定価6,090円（税込）

魔術師たちのトレーディングモデル
リック・
ベンシニョール著

「トレードの達人である12人の著者たち」が、トレードで
成功するためのテクニックと戦略を明らかにしています。

定価6,090円（税込）

ウエンスタインのテクニカル分析入門
スタン・
ウエンスタイン著

ホームトレーダーとして一貫してどんなマーケットのときにも
利益を上げるためにはベア相場で儲けることが不可欠！

定価2,940円（税込）

デマークのチャート分析テクニック
トーマス・
R・デマーク著

いつ仕掛け、いつ手仕舞うのか。
トレンドの転換点が分かれば、勝機が見える！

定価6,090円（税込）

<5> 割安・バリュー株からブレンド投資まで株式投資の王道を学ぶ！

バフェットからの手紙
ローレンス・A・カニンガム

究極・最強のバフェット本——この1冊でバフェットのすべてがわかる。投資に値する会社こそ生き残る！

定価1,680円（税込）

賢明なる投資家
ベンジャミン・グレアム著

割安株の見つけ方とバリュー投資を成功させる方法。市場低迷の時期こそ、威力を発揮する「バリュー投資のバイブル」

定価3,990円（税込）

新賢明なる投資家 上巻・下巻
ベンジャミン・グレアム、ジェイソン・ツバイク著

時代を超えたグレアムの英知が今、よみがえる！
これは「バリュー投資」の教科書だ！

定価各3,990円（税込）

証券分析【1934年版】
ベンジャミン・グレアム＆デビッド・L・ドッド著

「不朽の傑作」ついに完全邦訳！本書のメッセージは今でも新鮮でまったく輝きを失っていない！

定価10,290円（税込）

最高経営責任者バフェット
ロバート・P・マイルズ著

あなたも「世界最高のボス」になれる。バークシャー・ハサウェイ大成功の秘密——「無干渉経営方式」とは？

定価2,940円（税込）

賢明なる投資家【財務諸表編】
ベンジャミン・グレアム＆スペンサー・B・メレディス著

ベア・マーケットでの最強かつ基本的な手引き書であり、「賢明なる投資家」になるための必読書！

定価3,990円（税込）

なぜ利益を上げている企業への投資が失敗するのか
ヒューエット・ハイゼルマン・ジュニア著

定価2,520円（税込）

投資家のための粉飾決算入門
チャールズ・W・マルフォード著

「第二のエンロン」の株を持っていませんか？
株式ファンダメンタル分析に必携の

定価6,090円（税込）

バイアウト
リック・リッカートセン著

もし会社を買収したいと考えたことがあるなら、本書からMBOを成功させるための必要なノウハウを得られるはずだ！

定価6,090円（税込）

株の天才たち
ニッキー・ロス著

世界で最も偉大な5人の伝説的ヒーローが伝授する投資成功戦略！　　　賢人たちの投資モデル[改題・改装版]

定価1,890円（税込）

＜6＞裁量を一切排除するトレーディングシステムの作り方・考え方！

究極のトレーディングガイド
ジョン・R・ヒル＆
ジョージ・プルート著

トレーダーにとって本当に役に立つコンピューター・トレーディングシステムの開発ノウハウをあますところなく公開！

定価5,040円（税込）

マーケットの魔術師　システムトレーダー編
アート・コリンズ著

14人の傑出したトレーダーたちが明かすメカニカルトレーディングのすべて。待望のシリーズ第4弾！

定価2,940円（税込）

魔術師たちの心理学
バン・K・タープ著

「秘密を公開しすぎる」との声があがった
偉大なトレーダーになるための"ルール"、ここにあり！

定価2,940円（税込）

トレーディングシステム徹底比較
ラーズ・ケストナー著

本書の付録は、日本の全銘柄（商品・株価指数・債先）の検証
結果も掲載され、プロアマ垂涎のデータが満載されている。

定価20,790円（税込）

売買システム入門
トゥーシャー・シャンデ著

相場金融工学の考え方→作り方→評価法
日本初！これが「勝つトレーディング・システム」の全解説だ！

定価8,190円（税込）

トレーディングシステム入門
トーマス・ストリズマン著

どんな時間枠でトレードするトレーダーにも、ついに収益をもたらす"勝つ"方法論に目覚める時がやってくる！

定価6,090円（税込）

ロケット工学投資法
ジョン・F・エーラース著

サイエンスがマーケットを打ち破る！
トレーディングの世界に革命をもたらす画期的な書がついに登場！

定価7,140円（税込）

投資家のためのリスクマネジメント
ケニス・L・グラント著

あなたは、リスクをとりすぎていませんか？それとも、とらないために苦戦していませんか？リスクの取り方を教えます！

定価6,090円（税込）

投資家のためのマネーマネジメント
ラルフ・ビンス著

投資とギャンブルの絶妙な融合！
資金管理のバイブル！

定価6,090円（税込）

EXCELとVBAで学ぶ先端ファイナンスの世界
メアリー・ジャクソン＆
マイク・ストーントン著

もうEXCELなしで相場は張れない！
EXCELでラクラク売買検証！

定価6,090円（税込）

＜7＞ファンダメンタルズやテクニカル以外にも儲かる投資法はある！

ラリー・ウィリアムズの株式必勝法
ラリー・ウィリアムズ著

話題沸騰！　ラリー・ウィリアムズが初めて株投資の奥義を披露！　弱気禁物！　上昇トレンドを逃すな！

定価8,190円（税込）

ツバイク ウォール街を行く
マーティン・ツバイク著

いち早くマーケット・トレンドを見極め、最高の銘柄選択をし、最小リスクで最大利益を得る方法！

定価3,990円（税込）

グリーンブラット投資法
ジョエル・グリーンブラット著

今までだれも明かさなかった目からウロコの投資法
個人でできる「イベントドリブン」投資法の決定版！

定価2,940円（税込）

ディナポリの秘数 フィボナッチ売買法
ジョー・ディナポリ著

押し・戻り分析で仕掛けから手仕舞いまでわかる"黄金率"
0.382、0.618が売買のカギ！　押し・戻り売買の極意！

定価16,800円（税込）

カプランのオプション売買戦略
デビッド・L・カプラン著

経済情報番組ブルームバーグテレビジョンにて紹介された話題の本

定価8,190円（税込）

最強のポイント・アンド・フィギュア分析
トーマス・J・ドーシー著

「どの」銘柄を、「いつ」買えばよいかを伝授！
インターネット時代の最新ポイント・アンド・フィギュア分析法

定価6,090円（税込）

私は株で200万ドル儲けた 定価2,310円（税込）	**ファンダメンタル的空売り入門** 定価2,940円（税込）
市場間分析入門 定価6,090円（税込）	**あなたもマーケットタイミングは読める！** 定価2,940円（税込）
魔術師たちの投資術 定価2,940円（税込）	**ロスフックトレーディング** 定価6,090円（税込）
アームズ投資法 定価7,140円（税込）	**コーポレート・リストラクチャリングによる企業価値の創出** 定価8,190円（税込）
マーケットニュートラル投資の世界 定価6,090円（税込）	**ボリンジャーバンド入門** 定価6,090円（税込）

話題の新刊が続々登場！現代の錬金術師シリーズ

復刻 格言で学ぶ相場の哲学
鏑木 繁著

先人の残した格言は、これからを生きる投資家たちの羅針盤になるはずだ。

定価1,260円（税込）

私はこうして投資を学んだ
増田丞美著

実際に投資で利益を上げている著者が今現在、実際に利益を上げている考え方 & 手法を大胆にも公開!

定価1,890円（税込）

矢口新の相場力アップドリル　為替編
矢口 新著

アメリカの連銀議長が金利上げを示唆したとします。このことをきっかけに相場はどう動くと思いますか？

定価1,575円（税込）

矢口新の相場力アップドリル　株式編
矢口 新著

A社が日経225に採用されたとします。このことをきっかけに相場はどう動くと思いますか？

定価1,890円（税込）

潜在意識を活用した最強の投資術入門
石川臨太郎著

年収3000万円を稼ぎ出した現代の錬金術師が明かす「プラス思考＋株式投資＋不動産投資＝幸せ」の方程式とは？

定価2,940円（税込）

為替オーバーレイ
森谷博之著

1ドル170円のドル急騰にどのように儲けるか？1ドル70円の暴落にどう対処するか？本書でプロの手法を学ぶ

定価5,040円（税込）

株式トレーダーへの「ひとこと」ヒント集
東保裕之著

株式投資 これだけはやってはいけない』『株式投資 これだけ心得帖』の著者である東保裕之氏が株式トレーダーに贈るヒント集。

定価1,050円（税込）

魔術師が贈る55のメッセージ
パンローリング編

巨万の富を築いたトップトレーダーたちの"生"の言葉でつづる「座右の銘」。ままならない"今"を抜け出すためのヒント、ここにあり。

定価1,050円（税込）

景気予測から始める株式投資入門
村田雅志著

UFJ総研エコノミストが書き下ろした「超」高効率のトップダウンアプローチ法を紹介！

定価3,465円（税込）

投資家から「自立する」投資家へ
山本潤著

大人気メルマガ『億の近道』理事の書き下ろし。企業の真の実力を知る技術と企業のトリックに打ち勝つ心構えを紹介！

定価5,040円（税込）

話題の新刊が続々登場！現代の錬金術師シリーズ

先物の世界　相場喜怒哀楽
鏑木 繁著

相場における「喜」「怒」「哀」とは何か。「楽」とは何か。
そして「喜怒哀楽」とは何かを感じ取っていただきたい。

定価1,260円（税込）

15万円からはじめる本気の海外投資完全マニュアル
石田和靖著

これからの主流は「これからの国」への投資！
本書を持って、海外投資の旅に出かけてはいかがだろうか。

定価1,890円（税込）

相場の張り方 先物の世界
鏑木繁著

"鏑木本"で紹介されていることは、投資で利益を上げるようになれば、
必ず通る道である。一度は目を通しておいても、損はない。

定価1,260円（税込）

先物罫線 相場奥の細道
鏑木繁著

チャーチストはもちろん、そうでない人も、あらためて罫線に向き
合い、相場に必要不可欠な"ひらめき"を養ってはいかがだろうか

定価1,260円（税込）

金融占星術入門～ファイナンシャルアストロロジーへの誘い～
山中康司著

国家の行方を占うことから始まった言われる「占星術」の威力を
本書でぜひ味わってほしい。

定価1,890円（税込）

為替の中心ロンドンで見たちょっとニュースな出来事
柳基善著

ジャーナリスト蔦信彦氏も推薦の一冊。
関係者以外知ることのできない舞台裏とは如何に？

定価1,260円（税込）

年収300万円の私を月収300万円の私に変えた投資戦略
石川臨太郎著

カンニング投資法で、マネして、ラクして、稼ぎましょう。
夕刊フジにコラム連載中の著者の本

定価1,890円（税込）

道具にこだわりを。

よいレシピとよい材料だけでよい料理は生まれません。
一流の料理人は、一流の技術と、それを助ける一流の道具を持っているものです。
成功しているトレーダーに選ばれ、鍛えられたチャートギャラリーだからこそ、
あなたの売買技術がさらに引き立ちます。

Chart Gallery 3.1 for Windows
Established Methods for Every Speculation

パンローリング相場アプリケーション

チャートギャラリープロ 3.1 定価**84,000円**（本体80,000円＋税5％）

チャートギャラリー 3.1 定価**29,400円**（本体28,000円＋税5％）

[商品紹介ページ] http://www.panrolling.com/pansoft/chtgal/

RSIなど、指標をいくつでも、何段でも重ね書きできます。移動平均の日数などパラメタも自由に変更できます。一度作ったチャートはファイルにいくつでも保存できますので、毎日すばやくチャートを表示できます。
日々のデータは無料配信しています。ボタンを2、3押すだけの簡単操作で、わずか3分以内でデータを更新。過去データも豊富に収録。
プロ版では、柔軟な銘柄検索などさらに強力な機能を搭載。ほかの投資家の一歩先を行く売買環境を実現できます。

お問合わせ・お申し込みは

Pan Rolling パンローリング株式会社

〒160-0023 東京都新宿区西新宿7-21-3-1001　TEL.03-5386-7391　FAX.03-5386-7393
E-Mail info@panrolling.com　ホームページ http://www.panrolling.com/

Pan Rolling

相場データ・投資ノウハウ 実践資料…etc

ここでしか入手できないモノがある

今すぐトレーダーズショップにアクセスしてみよう！

1 インターネットに接続して http://www.tradersshop.com/ にアクセスします。インターネットだから、24時間どこからでも OK です。

2 トップページが表示されます。画面の左側に便利な検索機能があります。タイトルはもちろん、キーワードや商品番号など、探している商品の手がかりがあれば、簡単に見つけることができます。

3 ほしい商品が見つかったら、お買い物かごに入れます。お買い物かごにほしい品物をすべて入れ終わったら、一覧表の下にあるお会計を押します。

4 はじめてのお客さまは、配達先等を入力します。お支払い方法を入力して内容を確認後、ご注文を送信を押して完了（次回以降の注文はもっとカンタン。最短2クリックで注文が完了します）。送料はご注文1回につき、何点でも全国一律250円です（1回の注文が2800円以上なら無料！）。また、代引手数料も無料となっています。

5 あとは宅配便にて、あなたのお手元に商品が届きます。
そのほかにもトレーダーズショップには、投資業界の有名人による「私のオススメの一冊」コーナーや読者による書評など、投資に役立つ情報が満載です。さらに、投資に役立つ楽しいメールマガジンも無料で登録できます。ごゆっくりお楽しみください。

Traders Shop

http://www.tradersshop.com/

投資に役立つメールマガジンも無料で登録できます。 http://www.tradersshop.com/back/mailmag/

パンローリング株式会社

お問い合わせは

〒160-0023 東京都新宿区西新宿7-21-3-1001
Tel：03-5386-7391 Fax：03-5386-7393
http://www.panrolling.com/
E-Mail info@panrolling.com

携帯版